AF390796

La France Harmonieuse

Du même auteur,
Extrait du catalogue, sous le nom de Stéphane Ternoise

Essais

Face aux piliers de l'avoir, le candidat de l'être
L'envie d'être écrivain, et la réalité
Les villages doivent disparaître !

Romans

Le roman de la révolution numérique
Ils ne sont pas intervenus
Après l'énergie anti-électrique

Théâtre

Neuf femmes et la star
Les secrets de maître Pierre, notaire de campagne
Ça magouille aux assurances
Chanteur, écrivain : même cirque
Deux sœurs et un contrôle fiscal
Amour, sud et chansons
Pourquoi est-il venu ?
Aventures d'écrivains régionaux
Avant les élections présidentielles
Blaise Pascal serait webmaster
J'avais 25 ans

Théâtre pour troupes d'enfants

La fille aux 200 doudous
Les filles en profitent
Révélations sur la disparition du père Noël

Catalogue complet sur www.ternoise.net

Stéphane Ternoise

La France Harmonieuse

Essai

Jean-Luc Petit éditeur

Stéphane Ternoise

Créateur

http://www.**ecrivain**.tv

http://www.**sagesse**.tv

Tous droits de traduction, de reproduction, d'utilisation, d'interprétation et d'adaptation réservés pour tous pays, pour toutes planètes, pour tous univers.

Site officiel : http://www.ternoise.net

© Jean-Luc PETIT - BP 17
46800 Montcuq en Quercy Blanc – France

Ma lumineuse Femme,

Harmonie
Peut-être également possible entre humains ?

Couverture...

Le tournesol s'est imposé comme emblème de *La France Harmonieuse*.

Au verso, nos couleurs, le bleu blanc rouge version Ternoise, un ciel au beau bleu ce jour-là, avec malgré tout un nuage blanc, et une rose tendue. Cette représentation, disons plus poétique, présentée pour la première fois au recto du livre-presque-programme *Face aux piliers de l'avoir, le candidat de l'être*, n'est pas parvenue à susciter de véritable attention. La patience est encore une grande vertu.

Pourquoi l'harmonie ?

L'harmonie nécessite des limites, sans conséquence sur le bien-être des concernés, nécessite de priver les plus riches d'une partie de leur fortune, limiter la capacité d'une personne à s'approprier des choses que de toute manière même en vivant un millénaire, elle n'aurait pas besoin. Oui, il est urgent de demander aux milliardaires de laisser à la collectivité des avoirs inutiles. Ce n'est pas du communisme, oh surtout pas, juste la conséquence de la vie sur une planète aux ressources limitées. D'où disparaissent de nombreuses espaces.
Naturellement, il est également possible de continuer à saccager sans déontologie mais rapidement les humains seront trop nombreux pour les zones au climat tempéré et à l'alimentation presque saine ; il sera certes possible d'éliminer les pauvres. Par exemple en les parquant sur des territoires sans ressources ni soins médicaux. Et s'ils refusent, il suffira d'imposer une puce géolocalisable, ainsi chacun restera là où il a le droit de marcher…
L'harmonie n'est pas une nécessité absolue, elle est une possibilité, déontologique, pour éviter les drames.
Je vous parle d'harmonie du pays mais il s'agit bien d'un raisonnement mondial. Avec un auteur lucide : mes livres sont totalement ignorés des médias francophones donc croire en leur traduction relèverait de l'utopie d'un fou.

S'ils sont ignorés, tes livres, c'est qu'ils sont mauvais ! Pourrait pérorer le député inculte. Mais vous connaissez les noms des vrais patrons de nos grands éditeurs et médias…

Face aux piliers de l'avoir, le candidat de l'être

Stéphane Ternoise

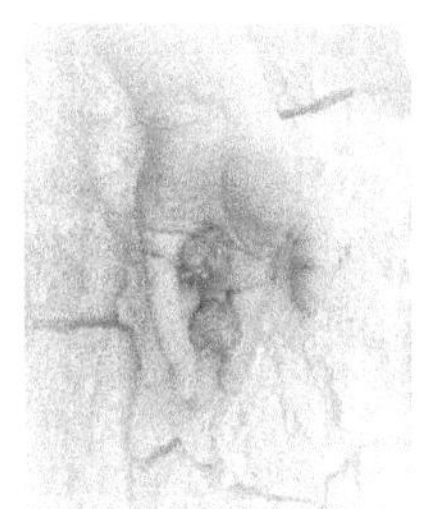

Jean-Luc Petit éditeur

Un développement plus vaste figure dans le livre de la présidentielle 2022, resté invisible.

I – Politique et spiritualité

Politique spirituelle, un oxymore. Certes, nous vivons une période de mots vides.

Mettre la sagesse et la connaissance au service de tous, en se lançant dans la politique ? C'est un peu ce que proposa Mara, le tentateur, le démon, au Bouddha.

Le "matérialisme spirituel" peut sembler un compromis entre deux voies.

Il est bien souvent un saupoudrage de citations, destiné à donner l'impression d'une personnalité originale dans les préoccupations mondaines.

Alors quelle expression pour décrire une spiritualité malgré les pièges de l'époque ?

Jusqu'où la démarche harmonique peut se libérer des contraintes de nos sociétés hiérarchiques ? La vraie vie ?

Je dépasse la définition donnée par Chögyam Trungpa, *« Un certain nombre de voies de traverse conduisent à une version distordue, égocentrique, de la vie spirituelle. Nous pouvons nous illusionner en pensant que nous nous développons spirituellement, alors qu'en fait nous usons de techniques spirituelles pour renforcer notre ego. Cette distorsion fondamentale mérite le nom de matérialisme spirituel »*.

Quand on s'éloigne de la réalité relative, quand on s'imprègne du « *seule la sagesse issue de la réalisation de la vacuité est ultime* », consulter les propos de nos incultes politiciens peut être considéré comme une perte de temps, ce bien le plus précieux. Mais même le sage ne s'extrait jamais de la communauté. Il est aussi là pour aider les autres. Il est urgent d'essayer d'éclairer celles et ceux qui cherchent un peu de lumière, sinon la violence constituera la seule réponse à la chosification du peuple par les milliardaires. Elle est déjà la plus visible car elle permet de prétendre justifier la répression, le suivi, le fichage, bientôt la géolocalisation, sûrement.

Je ne suis pas un "maître spirituel", je ne suis pas non plus un politicien. Juste un écrivain dont la réflexion est parvenue à la nécessité de ce témoignage.

Prétendre être, et paraître. Le risque existe, forcément. Il en fut toujours ainsi, donc aucune raison de ne pas en retrouver dans cette perspective, des opportunistes. L'être ? Du paraître, être beau, être bien habillé, être regardé, être admiré…

II – Notre petite planète, notre demeure collective.

Sur une planète certes vastes mais aux ressources limitées, les humains ont pu agir comme si tout se renouvelait à la vitesse de sa destruction, comme si l'eau l'air la terre se purifiaient immédiatement.
Ce n'était qu'une illusion, permise grâce à des millions d'années de sage consommation, non par sagesse mais par absence de connaissance des moyens de progrès.
Les plus optimistes conseillent de continuer à croire au progrès, il suffit de continuer et la science saura même nettoyer la mer, stopper les cyclones, réduire les températures…
Certains s'en foutent car ils n'ont pas d'enfants et pensent, « après moi le déluge peut bien s'abattre sur l'humanité. »
D'autres considèrent toutes ces histoires de réchauffement climatique et catastrophes naturelles sans lien avec l'activité humaine, seulement la volonté de Dieu, et Dieu, s'il le veut rebouche la couche d'ozone en claquant des doigts, envoie les gaz à effet de serre dans une autre voie lactée… Et bien d'autres raisons, finalement, de se "laisser vivre", se distraire. De toute manière, ce n'est pas moi le responsable, avec ma petite (ou grosse) voiture…
Certes, les plus pauvres, en ont un peu marre des demandes de sacrifices quand les milliardaires restent au-dessus des lois…

Je ne suis pas d'un pays, je suis d'une planète. Pourtant LA France LA France La France reste le sujet principal de la Présidentielle 2022. Croissance, emploi, pouvoir d'achat… Et je réponds harmonie. Planétaire. Inaudible. Un livre supplémentaire. Pourquoi ? Ne cherchons pas forcément le pourquoi. Parfois, il faut faire, par conviction profonde.

III – Le libre échange

Le libre échange constitue un fonctionnement idéal du commerce. À condition d'y intégrer l'ensemble des variables, donc le coût environnemental de la production et du mouvement des marchandises.

Ah, non, nos agriculteurs réclament le maintien de leur gazoil à tarif préférentiel ! Aucun protectionnisme ne doit être au-dessus des conséquences pour la planète, donc pour tous.

Le modèle le plus propre étant le jardinage, naturellement quand il évite de déverser des pesticides et autres curiosités.

On ne peut certes pas tous vivre en autarcie. Mais on peut tous "faire mieux", ne serait-ce que conserver un peu d'eau de pluie pour restreindre notre consommation d'eau potable. Il ne s'agit pas d'un catalogue de mesures conseillées, simplement d'une voie…

IV – L'harmonie, sujet de plaisanterie
des milliardaires

L'harmonie nécessite quelques mesures sociales inacceptables pour l'oligarchie, comme la capacité de la République à définir des niveaux d'accaparement maximum. Non, ce n'est pas du communiste, c'est de l'évidence pour permettre l'harmonie. À partir d'un certain niveau le toujours plus des uns ne laisse rien aux autres. Par exemple, le nombre d'agriculteurs de nombreux villages se compte désormais sur les doigts d'une main. Certes, pour masquer cette nouvelle féodalité, l'état encourage le regroupement, les communes nouvelles, ainsi les petits barons se partagent plus facilement les hectares.

L'harmonie, vous plaisantez monsieur Tanner ! Méfiez-vous de Ternoise, dernière la sagesse, c'est la dictature communiste, marxiste…

La liberté nécessite des lois, les limitations de vitesses se sont imposées quand certains considéraient leur permis comme un permis de tuer au volant de leur bolide. Dans une société d'abondance, le partage s'impose. Aucun des barons candidats aux 500 parrainages de la présidentielle 2022 ne se soucie de l'être, il s'agit simplement d'agir, aux marges, sur l'avoir, avec la valeur travail à la une ! Face à leur valeur travail, opposons nos vies, fragiles.

V – La France conflictuelle impose son modèle

Une nouvelle fois, la *France Conflictuelle* est parvenue à occuper l'ensemble des créneaux médiatiques visibles. Les installés savent agiter des opposants aux valeurs communes et à l'exubérance haineuse propice à transformer dans l'imaginaire collectif des clientélistes, magouilleurs, en bienfaiteurs de la République.

Naturellement, à jouer avec ce feu, les prétendus démocrates risquent le boomerang d'un suffrage de rejet, d'une chute de l'Élysée dans l'escarcelle extrémiste.

Mais rassurez-vous, même dans ce *scénario catastrophe*, l'essentiel, pour les installés, seraient préservé, le millefeuille de nos institutions permettrait aux partis traditionnels de recaser ses *meilleurs éléments*, auréolés du statut « front Républicain » pour sauver le pays, blabla blabla… Ainsi, rassurez-vous, tout va très bien pour les petits marquis et entre la **France Glauque** et celle affirmée **Insoumise**, les médias d'accompagnement des notables peuvent, sans même la sensation d'un léger état d'âme chez ses meilleurs plumes, occulter la *France Harmonieuse*. Ce livre témoigne. Tout simplement. Sans la moindre ambition en terme de ventes. Il faudrait ignorer le fonctionnement de notre univers éditorial pour espérer passer entre les parpaings du mur où la chaux confère au ciment sa robustesse. Le show de la société du conditionnement.

VI – Histoire de La France Harmonieuse

Le 16 janvier 2019 je terminais un premier texte intitulé
« *La France Harmonieuse.* » Après avoir rédigé une
chronique sur deux gilets jaunes en conflits au sujet d'un
nom de groupe, ou de page, facebook, « *la France en
colère* », où, me référant à une œuvre de jeunesse de
Sénèque, son entretien sur le sujet, sous la forme d'une
lettre à son frère, la conclusion s'imposait du danger de
cet état d'esprit colérique, ne pouvant conduire qu'à une
impasse, nuire à toutes les propositions, même les plus
censées.

Les écrits du stoïcien, principalement ceux à Lucilius,
même avec deux millénaires de décalage, me semblaient
alors plus utiles à mes contemporains que ceux
d'Emmanuel Macron. Car il avait « écrit aux français. »
Durant ces réflexions, où mon esprit errait à travers les
siècles, m'est venu le nom « *la France Harmonieuse.* »
Pour un mouvement, ou même un parti.

Naturellement, immédiatement, le maître du monde
virtuel fut sollicité. Je m'imaginais des centaines
d'utopistes, rêveurs, ex-écologistes, socialistes défabiusés
raccrochés à ce terme. Et ce fut la surprise : personne.
Comme si cette utopie constituait une utopie au-delà de la
capacité d'entendement de notre génération, et donc des
précédentes. Je suis vieux !

J'adaptais ou ressortais également d'anciennes réflexions
pour étayer cette possibilité d'éviter le naufrage.

Vivre de peu pour moins devoir travailler.

Dépenser moins pour moins devoir gagner.

Travailler plus pour avoir plus ou se soumettre moins pour
être plus ?

Faire du confort le but de la vie c'est se réduire à peu de
choses.

Mais aucun de ces aphorismes ne dépassait les quelques
j'aime peut-être même octroyés sans avoir réfléchi aux
conséquences du propos.

Même le « vous avez le droit d'être, pas simplement la

possibilité d'avoir », associé au tournesol semblait laisser indifférent. Les forces de la mise en concurrence des citoyens ont gagné, je le reconnais. Je ne suis pas le seul cinquantenaire à être parvenu à tenir en marge mais nous avons été suffisamment isolés pour ne pas servir d'exemples à la nouvelle génération. Nous serions même des *cassos*, des cas sociaux, jusque dans le regard de nos enfants, parfois. Chacun d'ailleurs reste discret, car l'administration dispose de considérables moyens pour nous faire regretter des propos "outranciers". Je me demande même parfois comment ils n'ont pas interné Houellebecq dont le presque manifeste « *Rester vivant* » résumait notre difficulté : « *il n'y a pas de bonne solution au problème de la survie matérielle ; mais il y en a de très mauvaises.* » Il n'hésitait pas à conseiller d'utiliser « *les mécanismes de solidarité sociale* », spécifiant « *allocation chômage, etc* » pour les moins perspicaces.

Vous ne préférez pas, finalement, vivre de peu avec le sourire plutôt que de chercher la prospérité avec des migraines et des cernes pour enrichir les plus riches ?

J'ai certes été viré de l'ASS, puis du Rmi. Il fallait « épurer les fichiers. » *Viré, viré, viré, même viré du Rmi*, était bien plus qu'un roman. Un témoignage. Comment ai-je tenu ? En vivant de très peu. J'ai également bénéficié d'une période historiquement rare, l'émergence d'un nouveau contexte, avec des installés persuadés de pouvoir dormir sur leurs deux oreilles. Mais quand ils ont compris la possibilité d'Internet, naturellement, comme tous ceux qui n'ont pas cherché à faire du fric, j'ai été éjecté. Le moteur de recherche et devenu un répertoire des notables certifiés.

VII – Nous sommes en marche...

Marcher uniquement pour le plaisir de marcher comme le Bouddha ou être en marche comme Macron ? La marche est essentielle également pour la pensée, pour la respiration, donc pour être.

Emmanuel Macron en s'appropriant le terme « *en marche* », de « *marcheurs* » a réussi une forme de hold-up langagier car s'il pouvait encore, dans certains salons, se prétendre de gauche, s'estampiller « marcheur » atteint le sublime de la violation du sens des mots et de l'Histoire. Ce fut possible car il n'y a plus de véritables marcheurs ! Il a suffi d'encourager la délinquance SDF pour vider les routes des vrais pèlerins. Oui, les SDF ont un rôle social, d'occupation du terrain, de sa transformation en jungle… Car le SDF non violent et véritablement insoumis au fonctionnement matérialiste de la société a été remplacé par les révoltés convaincus par la société qu'ils emmerdaient ainsi les « bourgeois » devenus milliardaires et protégés par des kilomètres, des murs, des caméras, des vigiles, de tout risque. Et le chemin de Saint Jacques de Compostelle est devenu un kitch de la marche avec ses gîtes, haltes, repas gastronomiques ! Des marcheurs cartes bancaires sur pattes pour les professionnels du tourisme.

Jean-Luc Mélenchon ne peut le dénoncer, lui ayant réussi à imposer le label *insoumis* aux militants desquels il exige la soumission à ses préjugés, son lieutenant @Francois_Ruffin confirmant leur approche avec son slogan « *ils ont l'argent, on a les gens* », terrible verbe avoir pour parler de citoyens normalement libres et égaux.

La France ne fut certes jamais au niveau de l'Inde telle que la décrivait Lanza del Vasto (1901-1981) en 1946 dans L*e pèlerinage aux sources* : « *Les pèlerins par milliers traversent l'Inde entière en tous temps, en tous sens. La route est préparée pour eux. L'hospitalité est* *chez nous une institution communale. Vous trouverez dans chaque village le refuge pour les errants et la distribution gratuite du riz... »*

Dans *La Vie Quercynoise*, quotidien lotois aux racines chrétiennes, aux feuilles d'érables, oups de notables, la députée Huguette Tiegna, en 2021, se lançait dans un exercice périlleux d'analyse *« Nous avons avec la dernière élection présidentielle ouvert un nouveau chapitre dans la relation des citoyens avec leurs élus et dans cet élan, il nous a été permis d'inscrire, pour la première fois dans l'histoire de notre pays, si nous faisons abstraction de la période particulière d'après-guerre, où le Général de Gaulle avait constitué son gouvernement avec la participation des communistes, une nouvelle méthode de gouvernance qui a mis à bas les systèmes archaïques des partis politiques qui en étaient arrivés à oublier les citoyens, ne tenant plus compte des territoires et des acteurs de terrain. »* L'impression de ne pas vivre dans le même pays ! Elle ajoutait *« Aujourd'hui, tout le monde dit vouloir faire la politique autrement mais en réalité beaucoup font de l'entre-soi local. »*
Prendre des arrivistes chez les prétendus *Républicains* ne constitue pas faire de la politique autrement ! François Mitterrand avait déjà cassé le vase de Soisson !
Où est-il ce bel *« esprit fondateur de la République en Marche, en laquelle se sont reconnus des hommes et femmes venus de tous les courants politiques, en faisant fi des dogmatismes, était de bâtir un cadre permettant à la pluralité de ces sensibilités d'œuvrer ensemble et de concert »* ? Je me demandais si madame Tiegna restait en phase avec En Marche devenu. Une manière de l'engager à rejoindre la France Harmonieuse. Mais elle a apporté son parrainage 2022 à Emmanuel Macron.

VIII – Avoir essayer d'être candidat

En 2022 après 2017… Au mieux, leur différence se limite à des nuances, s'engager à varier la répartition de l'avoir en France. Toujours plus pour les riches ? Limiter leur capacité d'amasser ? Aucune refonte en profondeur de l'époque en perspective, seulement la dérive, peu importe le chemin, jusqu'au gouffre. La façon de penser des piliers de l'avoir étant devenue la norme, cette civilisation doit continuer d'avancer, pour s'effondrer, disparaître ?

La question de l'être ne se pose pas. Désormais « être » signifie « exister », « vivre », par opposition à l'arrêt du cœur, la mort physique. Le « *je pense donc je suis* » peut clore toute tentative de débat. Et relancer par « vos pensées ne sont que des résumés de conditionnements, des citations plus ou moins bien assemblées » serait considéré comme un élitisme, une offense au droit à la non culture. J'ai mes idées, moi, monsieur, vous n'avez pas à m'imposer les vôtres ! Et naturellement l'interlocuteur se considère justifié car il se proclame d'accord avec un leader dont il espère la victoire, les chroniqueurs de son émission préférée… De toute manière « pour être, il faut avoir ! » Posséder en abondance donne effectivement souvent l'illusion d'être. Et quand « ça va mal », psychotropes et professionnels de la remise en forme permettent de « passer le cap. »

Même si les médias d'accompagnement des installés n'accordent aucune audience à tout propos crédible exprimé en dehors du cercle des médiatiques autorisés, ce livre existera. Ensuite… (quant aux propos incohérents, naturellement ils prolifèrent, destinés à démontrer l'absence de réelle solution alternative)

Ce document présente une autre orientation, d'autres priorités. Une liste exhaustive de 110 ou 190 propositions engagements n'aurait aucun sens.

D'abord, à quoi bon consacrer plus de semaines à un

bouquin dont les chances de visibilité oscillent entre 0,1 et 0,4% (chiffres contestables, peut-être largement surestimés) ; il s'agit d'ouvrir une autre voie, donc de faire réfléchir. Obtenir 500 signatures restant très improbable dans ce système verrouillé… En février 2017, le CSA m'avait répertorié 28e dans son dernier classement des candidats à la candidature. Mais personne ne s'était réellement soucié d'accroître mon dérisoire temps de parole ni de la vidéo « *la disparition de Stéphane Ternoise…* »

Les premiers parrainages publiés, mon absence ne semble surprendre personne.

IX – Liste exhaustive des candidats, sans moi !

Le 27 janvier 2022, Mathilde Roche publiait pour *Libération*, « *Qui sont les 45 candidats déclarés à la présidentielle 2022 ? »*
Madame spécifiait « *Trente-deux hommes et treize femmes* » et notait « *une trentaine de peu ou très peu connues. Passage en revue.* » Sûrement avec l'intention de démontrer son exhaustivité, elle présentait un « *candidat inattendu* », au "*compte Twitter aux 12 abonnés*", précisant que M. Gérard Pignol "*Ce prof retraité d'Oullins (Auvergne-Rhône-Alpes) a accordé plusieurs interviews pour critiquer le système de parrainage mais n'a ni site ni de programme.*"

Elle aurait également pu noter pour Corinne Békaert @CorinneBekaert 9 abonnés « *Je présente ma candidature à la présidence 2022.*
Retrouvez-nous sur http://osonsladifference.fr pour contribuer à un projet participatif, positif et constructif. France A rejoint Twitter en juin 2021. » Je fus son dixième.

Ma vidéo, twittée à ses candidats membres de ce portail, est restée sans la moindre réponse publique. « Savez-vous pourquoi @Roche__Mathilde de @libe m'a exclu de sa liste des candidats déclarés à la présidentielle 2022 ?
https://www.youtube.com/watch?v=S-w8lJaITyE »
Et le 16 février, j'avais un Message Privé de Mme Mathilde Roche ! Qui m'écrivait entre autre « *Quand j'ai rédigé le papier, je suis passée à côté de votre candidature, qui n'était pas recensée dans les articles que j'ai passé en revue, et je reviens tout juste de plus de deux semaines de congés.* »
Eh oui, *Libération*, c'est un quotidien, mais quand Mathilde Roche est en vacances, tout s'arrête. Heureusement, qu'elle n'a pas pris trois mois.

Je n'ai pas cherché les autres listes, les autres papiers, qui m'incorporeront peut-être avant le 18 juin, dans leur liste des candidats. J'ai naturellement réalisé une nouvelle vidéo, remerciant madame Roche de m'avoir répondu, reprenant une partie de ma réponse privée « *Vous êtes la première à réagir à cette vidéo. Aucune réaction publique (et aucune privée)*
Pourtant l'ensemble des candidats "exposés" furent également destinataires de tweets.
Ce qui témoigne également de la réalité de l'espace médiatico-politique. »
Et j'ai souri en lisant le résumé de Madame Roche, où elle ne signale pas le 46ᵉ en toute logique venu de Montcuq-encubé dans le 46 mais « *Stéphane Ternoise, écrivain, dramaturge, se présente pour la seconde fois aux présidentielles comme «le candidat de l'être face aux piliers de l'avoir» sur son site et sa chaîne Youtube (sur laquelle il publie des vidéos de chats en train de copuler comme des lectures bouddhistes).*
Malheureusement oublié dans cette liste lors de la publication de l'article, il a craint une censure, envisageant qu'Emmanuel Macron ou Valérie Pécresse fassent pression pour invisibiliser sa candidature. »

Je suis certes de la catégorie des twitters et youtubeurs invisibles ! 3909 et 2724 abonnés mais ne signifient pas grand-chose. Sans sombrer dans la paranoïa, mon exclusion des listes constitue bien un choix de me rendre invisible, partout et toujours. Pourquoi ? Par qui ? C'est presque trop d'honneurs… mais nul ne le sait. Ne le saura sûrement jamais. Sauf miracle.

X – Le problème de l'accès aux médias, en chanson

Le « *Manu Chao* » des Wampas, « *Si j'avais le portefeuille de Manu Chao...* », je l'avais adapté fin 2016 en *Si j'avais les médias*. Un quinquennat plus tard, de petites retouches de noms suffisent, François Fillon remplacé par le duo Valérie Pécresse Eric Zemmour. Et ma députée Bayleyrienne par son clone droitier Pradié Aurélien de rien. Ainsi je chante, ou presque, en attendant Didier Wampas à Montcuq-encubé :

Si j'avais les médias 2022

Je vis à la campagne très très loin de Paris
Ce n'était qu'un village quand Montcuq nous a conquis
La commune nouvelle se veut l'emblème du Quercy
Après Nino Ferrer, je peux presque tout faire

Si j'avais les médias d'Emmanuel Macron
Les 500 parrainages seraient déjà dans mon blouson
Si j'avais les émissions du Zorro Zemmour
De ces élections, je penserais au second tour

Nul ne va en causer, s'est réjoui mon député
Quant au vieux sénateur, faudrait le réveiller
Pas un maire du département, ne s'engagera pour moi
Ils ont tous peur de s'en prendre une sur les doigts et
même plus bas

Si j'avais les médias d'Emmanuel Macron
Les 500 parrainages seraient déjà dans mon blouson
Si j'avais la presse de Valérie Pécresse
Le Conseil Constitutionnel chercherait mon adresse
Si j'avais les médias d'la Marine Le Pen
Les 500 signatures j'les obtiendrais sans peine
Si j'avais les émissions d'Jean-Luc Mélenchon
Je chercherais un nom, crédible pour Matignon

On ne dilapiderait pas l'argent public
On ne va pas claquer le fric en Bygmalion en médiatique

Mais j'ai encore du chemin et elle est raide la pente
Pour figurer sur la liste officielle alors je chante

Si j'avais les médias d'Emmanuel Macron
Les 500 parrainages seraient déjà dans mon blouson
Si j'avais les émissions du Zombie Zemmour
De ces élections, je penserais au second tour

Mais même mes parodies ne passent pas à la radio
Heureusement y'a youtube pour rêver tout haut
Et je verrais bien, Didier Wampas soudain
Reprendre ce refrain, changer la face du scrutin

Si j'avais les médias d'Emmanuel Macron
Les 500 parrainages seraient déjà dans mon blouson
Si j'avais les émissions du nouveau grognon
Je penserais au second tour de ces élections

XI – Censure des médias de France ?

À ce point, peut-on, quand même, parler de censure ou est-ce toujours des choix éditoriaux par mimétisme ? La presse nationale, locale, régionale, en France, semble m'être fermée !
Ma parole est libre mais ils ont les moyens de faire croire que je ne m'exprime plus. Suis-je vraiment encore vivant au sens de la capacité de m'exprimer en français ?
Je ne suis sûrement pas le seul dans ce cas. La situation s'est-elle aggravée avec Emmanuel Macron ? Légèrement disons ! Mais sans, pour mon cas, je crois, qu'il n'ait eu à intervenir. Si François Hollande a démontré lors de sa venue à Cahors me connaître, son successeur, c'est improbable.
Nous avons simplement dérivé. 15 ans après le lucide « *la presse régionale, qui est une presse indispensable, cette presse dite de proximité. Mais n'a-t-elle pas beaucoup vieilli ? N'est-elle pas une presse encore trop de connivence par rapport aux responsables politiques, économiques, sociaux, culturels, disons de la région ?* »
Le 27 mars 2005, l'ancien président du CSA, Hervé Bourges, répondait ainsi à Jacques Chancel.
Je pense souvent à la remarque de Malcolm X (19 mai 1925 à Omaha, assassiné le 21 février 1965 à Harlem) : « *Si vous n'êtes pas vigilants, les journaux arriveront à vous faire détester les opprimés et aimer ceux qui les oppriment.* »
Finalement, les "faire disparaître vivant" est également une solution ! Et ceux qui passent entre les parpaings de leurs murs sont en grand danger ?
La vidéo puis le livre « *La disparition de Stéphane Ternoise* » fut une manière de clore ma "campagne présidentielle 2017", déclarée le 30 octobre 2016, une date qu'il convenait de rapprocher du 30 octobre 1980, celle de Coluche.
J'ai certes écrit quelque chose peut-être d'inacceptable, un **j'accuse** des **Médias d'accompagnement des installés**.

Mais il s'agissait déjà d'un constat. Où j'en appelais aux éventuels journalistes "enfants du" Daniel Carton fustigeant des collègues toujours prêts à se coucher « *car il faut bien bouffer.* »

Jean-Luc Mélenchon promet de démanteler les neuf mastodontes de presse du pays, accusés de détenir 90% de l'audience. Il n'y serait pas suffisamment encensé ! Mais aucune critique de son potentiel allié Jean-Michel Baylet. Pourtant son effet régional reste dramatique.
« *Si l'information n'est pas dans La Dépêche, elle n'existe pas, ce sont les avantages d'un monopole* » résuma Jacques Briat, éjecté en 2007 de son siège de député en Tarn-et-Garonne, battu par la jeune Sylvia Pinel, la "chef de cabinet" de monsieur Baylet président du département, mise sur orbite par son quotidien, même aucune faute contre la démocratie représentative n'avait été relevée par le Conseil Constitutionnel, qui n'était pas encore présidé par Laurent Fabius, dont la compagne depuis deux décennies est Marie-France Marchand-Baylet, ex-épouse Baylet et mère de leurs trois enfants, une dame ayant toujours des titres dans la galaxie des pêches, oui dépêche.

Jean-Michel Baylet me bloque même sur twitter et ses journalistes semblent avoir des difficultés à écrire mon nom, ainsi quand ma pièce "*La Fille aux 200 doudous*" fut jouée par une troupe chroniquée, il y eut un magnifique « *auteur anonyme.* » Oui, ils vont jusque là ! Décidément, trop d'honneur !
Pauvres journalistes de cette dépêche, parfois paumés dans leur impasse. Ainsi même si le 14 septembre 2018 au matin j'ignorais encore la venue de François Hollande au Leclerc Culture de Cahors, je participais à son point presse. Un type que je ne connaissais pas, qui semblait me reconnaître, s'empressait, me voyant, de demander au directeur du lieu s'il fallait fournir une carte de presse (naturellement, indépendant, je ne suis pas salarié, donc ne peux y prétendre). J'en souriais. Quand un certain

Jean-Michel Fabre relate cet événement dans leur *Dépêche*, l'essentiel de ce point presse est "oublié". Un quotidien prétendu indépendant aurait dû se délecter de la réponse « *la démocratie ce n'est pas simplement le vote : démocratie citoyenne, humaine... éditoriale.* » Mais cette « *démocratie éditoriale* » c'est en se tournant vers moi qu'il l'avait ajoutée. Et non vers les journalistes de cette dépêche, oh !

Je ne me plains pas. Dominique Baudis a connu pire, il fut considéré comme « *le plus grand adversaire de La Dépêche.* »
François Bonhomme, désormais sénateur du Tarn-et-Garonne, ayant osé battre JMB est l'auteur d'un néologisme peu repris « *la pravda du midi.* »

Et si de vaillants journalistes des « neuf groupes » possédaient une liberté d'expression plus importante que ceux de leur *dépêche du midi ?* Un certain niveau de notoriété aurait pu permettre à quelques-uns de s'intéresser à la *France Harmonieuse ?* Ce n'est pas encore le cas ! La patience est notre grande vertu ?

Je n'ai pas encore eu le temps de publier en vidéo une petite phase vouée à irriter les rares insoumis soumis qui la verront, alors qu'elle dépasse naturellement l'irascible personnalité de leur leader : Jean-Luc Mélenchon le promet, élu Président il garantira la liberté d'expression, de ceux qui pensent comme lui.
J'ajoute, ce ne sera pas automatique pour tous : comme ses prédécesseurs, comme toute femme, tout homme, de pouvoir. Peu importe l'importance du pouvoir, même adjoint au maire de Montcuq encubé, l'important est de le montrer !

Dans la confrérie des journalistes, les morts en reportage international sont la fierté. Il est surprenant de trouver dans cette profession des femmes et des hommes disposés à risquer leur vie dans un pays en guerre et aucun pour parler de Ternoise dans la *Dépêche du Midi* ! Ou alors, un journaliste aurait-il plus de liberté dans un pays où ses patrons n'ont pas d'intérêts directs ?

Comme Pierre Desproges ironisait sur les « *artistes engagés qui osent critiquer Pinochet à moins de 10 000 kilomètres de Santiago* », on pourrait sourire des journalistes qui osent défendre la liberté d'expression à 10 000 kilomètres de Paris.

En plus des 850 millions d'euros versés chaque année à la presse, Emmanuel Macron leur a offert une *rallonge Covid*, 500 millions, en spécifiant l'offrir à la presse objective et équilibrée. Oui, ils sont objectifs, ils sont équilibrés mais leur objectif se limite à l'équilibre entre les piliers de l'avoir.

Ce n'est pas nouveau, certes. « *Les pressions du pouvoir en place et les manipulations ayant atteint un niveau rarement égalé dans un grand nombre de moyens d'information...* »
Ici et Maintenant. François Mitterrand 1980.

XII – La France des psychotropes et migraines

Ce fut une information rapidement étouffée par d'autres, sur laquelle les politiques ont préféré ne pas s'attarder : lors du confinement du printemps 2020, la consommation de somnifères a augmenté de 6,9 % (par rapport à la même période en 2018 et 2019).

Les Français sont considérés comme les deuxièmes grands consommateurs de somnifères en Europe, avec 10 millions d'adeptes. Derrière les espagnols dont le légendaire bien-être semble ne pas avoir résisté à l'après Movida, leur mondialisation.

Le 27 mai 2021, Leur *Monde* publiait un article sur la dégradation de l'état mental des Français, rebondissant sur le rapport d'EPI-PHARE du 25 avril 2021, la « crise sanitaire » a engendré une augmentation des prescriptions d'antidépresseurs, antipsychotiques, anxiolytiques et hypnotiques, accentuée en 2021. Entre mars 2020 et avril 2021, le rapport pointe 3,4 millions de délivrances d'anxiolytiques supplémentaires.

J'ai lu une interview du docteur Patrick Lemoine, auteur d'un livre sur le sujet, elle concorde avec d'autres données : « *le grand public ne semble pas encore avoir intégré la nécessité de dire stop aux benzodiazépines (BZD : Imovane®, Stilnox®, Zolpidem®...) et autres molécules de ce type... Si la durée maximale préconisée pour ces traitements est de 4 semaines, 52 % des prescriptions de BZD sont renouvelées pendant au moins 2 ans ! Cela, alors que ces molécules présentent plusieurs effets secondaires plus ou moins graves...*
Les somnifères peuvent induire une forte dépendance... 25 % des personnes qui en consomment plus de 3 mois deviennent dépendantes et ont des symptômes de sevrage en tentant de les arrêter (anxiété, insomnie). Mais les BZD peuvent aussi provoquer des troubles de la vigilance - notamment en voiture - et l'oubli de faits récents... Ces médicaments censés faire dormir... ne marchent pas ! Ils

induisent juste une légère anesthésie. Cela, en stimulant des molécules cérébrales qui réduisent l'excitabilité des neurones, et inhibent ainsi le système qui maintient éveillé... Une étude anglaise menée sur 100 000 sujets suivis pendant 7, 6 ans en moyenne et jusqu'à 15 ans, a mis en évidence un quasi-doublement de la mortalité chez les personnes ayant pris des BZD... La consommation quotidienne d'un comprimé de ces médicaments pendant plus de 5 mois est associée à une hausse de près de 50 % du risque de développer la maladie d'Alzheimer. »

À la question des alternatives possibles, le docteur répond « *La plus simple est d'améliorer son hygiène du sommeil. Ensuite, il y a aussi la phytothérapie : la valériane, la passiflore et l'eschscholzia ayant démontré leur efficacité avec un bon niveau de preuve. Enfin, pour les plus de 55 ans, il est possible de se faire prescrire de la mélatonine (une substance naturelle) à libération prolongée (Circadin® 2 mg). Et pour les plus jeunes, de demander conseil à son pharmacien pour un produit similaire en libre accès (par exemple, Chronobiane L.P. 1,9).* »
Peut-être ailleurs développe-t-il la notion d'*hygiène du sommeil*.

Aucune réaction à mon court texte, mis en vidéo, sur L'Éducation Nationale ne m'ayant pas appris à respirer profondément, ni à m'endormir paisiblement, en stoppant le flux des pensées. Oui, il est possible de tout simplement stopper le flux des pensées pour s'endormir. Même si on n'est pas assuré d'une nuit entière, que la manœuvre sera plus difficile à réussir vers 2 heures, 3 heures ou 4 heures. À 6 heures il vaut mieux ne plus essayer. Se coucher à heure fixe, 22 heures, aidant grandement. Selon mon expérience, démarche entreprise avec l'aide des livres de Thich Nath Hanh, sur la respiration consciente.
Un peu de bouddhisme à la place des psychotropes ! La sécu y gagnerait à rembourser certains livres…

Sous le titre « *Les migraines de Siri Hustvedt* » mon analyse d'une de mes historiques souffrances n'a également obtenu aucune réelle visibilité.

De manière surprenante, alors qu'elle consacre une grande partie de son oeuvre à détailler les pistes neurologiques, psychiatriques, Siri Hustvedt ne semble pas avoir pensé à tout simplement considérer ses migraines comme une alerte, à un cadre de vie, à une vie, trop éloignée de ses profondes aspirations.

Ainsi : « *Des chercheurs se sont interrogés à propos des personnalités migraineuses dans une tentative de découvrir des traits communs à tous ceux qui en sont affectés, mais le nombre des gens qui souffrent de tels maux de tête, accompagnés ou non de diverses espèces d'auras, est si grand que l'espoir de trouver un migraineux type a été généralement abandonné.* » (*La femme qui tremble*)
Pourtant, quand elle relate son IRM du cerveau, elle note, sans utiliser ce point comme un support majeur de sa réflexion : « *À "Ville", j'ai failli écrire Northfield, la ville de mon enfance, au lieu de Brookly. Je suis abasourdie.*
Il y a vingt-sept ans que je vis à Brooklyn, et trente dans l'agglomération new-yorkaise. »
Abasourdie, simplement. Vivre ailleurs, vivre autrement, vous n'y avez jamais pensé ? Certes la conviction de l'impossibilité de vivre ailleurs, autrement, le plus souvent engloutit toute velléité de pensée objective. On découvre plus facilement des erreurs chez les autres que les siennes. Pourtant elle a consulté ! Mais nul, parmi ces professionnels, pour oser, ou avoir la lucidité, de proposer une possibilité simple, trop simple, sans traitements ni séances, dans une société où les suivis se doivent de durer ! Recherchez des raisons dans votre enfance, un traumatisme… mais surtout ne pas remettre en cause son présent ! La migraine comme alerte d'un problème à ne plus se masquer. Au moins parfois ?

New York est-elle une cité de verre vivable quand on a grandi à Northfield, dans l'État du Minnesota, 20 000 habitants en 2020, mais seulement 7500 en 1950, 8700 en 1960 quand elle fêta ses 5 ans ? Siri Hustvedt est l'épouse de Paul Auster dont la véritable addiction au tabac doit suffire à déclencher une migraine chez toute personne le croisant.

Dans *Chroniques d'hiver*, le romancier reconnaît « *Tu sais que ta femme s'inquiète à ton sujet, surtout en ce qui concerne ta consommation de tabac et d'alcool, mais par bonheur, jusqu'à présent, aucune radio n'a révélé de dégâts dans tes bronches, aucun test sanguin n'a montré que ton foie avait subi des ravages, et donc tu persistes dans tes exécrables habitudes tout en sachant pertinemment qu'elles finiront par provoquer en toi de graves dommages, mais plus tu vieillis et moins il est probable que tu auras un jour la volonté ou le courage de renoncer à tes chers petits cigares et aux fréquents verres de vin qui t'ont procuré tant de plaisir au fil des ans, et tu te dis parfois que si tu devais les chasser de ta vie à ce stade tardif, ton corps s'effondrerait, tout simplement, que ton système cesserait de fonctionner (...) les avantages que tu retires de l'alcool et du tabac te servent de béquilles pour que ton moi puisse tenir debout et se déplacer dans le monde.* » Un aveu comme il pourrait en exister des millions ? Malgré cette lucidité, jamais l'écrivain ne se questionne sur les conséquences pour ses proches. Aimer, c'est accepter les migraines ?
Oui, on peut décéder à 44 ans d'un cancer débuté aux poumons sans jamais avoir fumé et les bronches encrassées continuer à écrire à 75 ans. Longue vie à monsieur Auster.

Siri Hustvedt confirmerait sûrement le témoignage de Mary Paterson dans « *les moines et moi* », l'histoire de son séjour au *Village des Pruniers,* créé par Thich Nhat Hanh où elle relate également les raisons de cette "expérience".

« *Notre culture nous conditionne à agir à vie allure.* » Et de raconter sa visite à une amie de New York, dans le quartier de Soho, sa difficulté à la suivre des les rues. « *Mary, tu es à New York, tu dois marcher plus vite ! Cela lui était égal d'être collante de sueur pour le reste de la journée...* » Et de conclure le paragraphe par « *Si j'avais vécu dans « la ville qui ne dort jamais », j'aurais sans aucun doute couru comme tout le monde.* »
Entre le village où presque plus personne ne dort, abandonné, et les villes qui ne dorment jamais, il serait peut-être temps de cesser l'absurde occupation de la planète.

Choisir l'endroit où l'on souhaite vivre, et ensuite s'intéresser à la manière d'obtenir l'indispensable. Sans se soucier de superflu. Je vous propose un pays où c'est possible.

XIII – Le droit pour tous à un jardin

La terre aux sages désireux de l'utiliser respectueusement. La terre aux jardiniers !

« *À 50 ans, si tu n'as pas un verger, tu as raté ta vie.* » Un de mes aphorismes où la référence au publicitaire Jacques Séguéla était signalée, pour éviter une lecture absurde. Mais ce fut naturellement l'invisibilité.

Même à la campagne, comment acquérir un coin de terre, quand on n'est pas agriculteur ? Les ventes sont rares, concernent de nombreux hectares et leur *safer* est prioritaire, dévouée au développement des exploitations agricoles (parfois les expressions témoignent). Je propose de transférer de la *safer* aux mairies le droit préférentiel pour l'acquisition des terres agricoles, naturellement pas dans un but spéculatif mais de redistribution aux administrés, dans le cadre d'une location à long terme de petites parcelles, avec un contrat de « terre de jardinage. » Lors de la création des communes, peu après "la première" Révolution française, la plupart des familles ont obtenu leur "lopin de terre", un bien confisqué aux "exploiteurs"... En deux siècles, dans ce domaine également, les féodalités se sont réinstallées... Ce serait bien une "Nouvelle Révolution Française" le broyage des nouvelles féodalités. Qu'aucun "agriculteur" ne puisse conserver plus qu'il peut décemment en cultiver (certains obtiennent même de juteuses primes pour des jachères !)

Certes, j'en vois déjà sourire, même à Montcuq encubé : ils exigent de manger bio mais refusent de se salir les mains. Même de se fatiguer ainsi. D'ailleurs ils n'en ont pas le temps, travaillent et se distraient...

Une minorité profiterait de cette possibilité du jardinage mais l'harmonie passe par cette possibilité. Les jardins participatifs se développent, preuve d'une réelle demande.

Vous souhaitez manger de vrais fruits ? Plantez des arbres... Vous n'avez pas de terre ? Réclamez-en ! La terre aux jardiniers… Car cinq de leurs fruits et légumes par jour représentent combien de pesticides ?

Pratique, les pesticides, et presque automatique : ils permettent d'obtenir de nombreux beaux fruits... et naturellement aucun pesticide n'est létal ni nocif... Aucun pesticide absorbé à "une dose raisonnable" n'engendre la mort humaine dans les 48 heures ! Aucun pesticide ne semble même pénalement responsable d'une maladie mortelle à quelques dizaines d'années...
Quant à l'accumulation de pesticides dans l'organisme, aucun fabriquant ne peut naturellement être déclaré responsable des effets ! Personne n'est responsable du cocktail final. Encore moins coupable.
La vie à la campagne, c'est parfois être condamné à ne pas sortir, quand les pesticides envahissent le territoire... Croire en l'intelligence des agriculteurs est utopique. Même quand leur poison d'un coup de vent atteint une école, une maison, même si dans le jardin, une femme ou un homme, ou un enfant, essaye de produire quelques fruits et légumes... bios !
Aucun pesticide ne doit pouvoir être déversé là où il peut atteindre des humains... Comment accepter des routes où de joyeux cyclistes sont attendus après le virage par un nuage ?
La notion de bio me semble une énorme supercherie. Je souhaite naturellement une information du consommateur. Mais une information réelle. Ce n'est pas quand il est « naturel » qu'un aliment doit être signalé. Mais toute substance cancérigène, tout traitement suspicieux, la date de cueillette des fruits, voilà les données essentielles. Le label bio permet de cacher l'arbre du reste, du nocif.

XIV – Acquérir le nécessaire puis s'éloigner du travail

On ne vit plus de ses rentes au troisième millénaire, on amasse de plus en plus, sinon on se laisse doubler par des avides ! Et c'est intolérable ce déclassement. Seuls les retraités de seconde zone s'arrêtent dans notre France moderne et prospère !

J'ai exposé un *principe de Stendhal*. Sans susciter la moindre réaction. En reprenant, analysant, actualisant un aphorisme de l'écrivain du XIXe siècle « *L'homme d'esprit doit s'appliquer à acquérir ce qui lui est strictement nécessaire pour ne dépendre de personne ; mais si, cette sûreté obtenue, il perd son temps à augmenter sa fortune, c'est un misérable.* »

Oui, Bernard Arnault est un misérable… dans l'approche stendhalienne. Oh, je viens de me priver de l'amitié d'un si gentil mécène ! Et de ses épigones.

Baudelaire, certes un type peu recommandable certainement, vu du perchoir Macron-Pécresse, considérait cette opinion partagée par Delacroix, le peintre, précisant « *Recherche du nécessaire et mépris du superflu, c'est une conduite d'homme sage et de stoïcien.* »

Jack-Alain Léger le reprenait en 1997 dans *Ma Vie (titre provisoire)*. Oui, encore une mauvaise fréquentation. Alors que Jean-Paul Belmondo eut droit à des obsèques nationales, la Ministre de la culture de sa disparition, certes Aurélie Filippetti, n'a même pas daigné présenter un communiqué. Pas un type labellisé PS !

Le 17 juillet 2013, par un tweet m'étant destiné, maître Emmanuel Pierrat, l'avocat, informait le monde du dernier saut de l'écrivain ainsi devenu « le suicidé des éditeurs ».

> *@ternoise je sors du commissariat et irai a la morgue demain : Jack-Alain Léger, dont j'étais le tuteur, s'est défenestré. Je le pleure*

Je doute de l'audience de *Ma vie (titre provisoire)*, donc en reprend quelques mots « *Hé bien ! La guerre continue, la guerre pour trouver ce minimum de paix nécessaire, un éditeur, un contrat, de quoi tenir encore quelques mois. J'en suis là.* »

Et pour vous permettre d'apprécier le rapprochement Bolloré – Lagardère 2022 : « *J'ai su alors ce que peut nourrir de haine à l'endroit d'un écrivain uniquement écrivain la pègre des gens de lettres dont Balzac a si exactement dépeint les mœurs dans* Illusions perdues, *mœurs qui n'ont pas changé, si ce n'est en pire : vénalité, futilité, servilité.* » Comment des écrivains en arrivent à accepter cela vous demandez-vous, ou vous souriez en croyant qu'il exagérait ? Celui que vous prenez peut-être pour un médiocre frustré continuait : « *J'avais perdu mes dernières illusions sur ce milieu dont les pratiques ressemblent tant à celles du Milieu : parasitages de la production, chantages à la protection, intimidations, etc. Publication de livres que l'éditeur juge médiocres ou invendables mais qu'il surpaie à des auteurs disposant d'un pouvoir quelconque dans les médias...* »

Je saute quelques mots : « *Fabrication par des nègres et des plagiaires d'une fausse littérature qui, comme la mauvaise monnaie, chasse la bonne... Calomnies et passages à tabac pour les rares francs-tireurs.* « *Nous avons les moyens de vous faire taire définitivement !* » *me dit, sans rire, un critique, par ailleurs employé d'une maison d'édition et juré de plusieurs prix littéraires auquel j'ai eu le malheur de déplaire. Je n'étais d'aucune coterie, détestant ces douteuses solidarités fondées sur des affinités sexuelles, politiques ou alcooliques, voir une simple promiscuité au marbre d'un journal ou à la table ovale d'un comité de lecture ; j'étais puni. On me faisait payer cher de n'avoir jamais eu de "parrain".* »

Où sont les « *Hommes d'esprit* » de notre époque ? Quant à la question du comment ai-je tenu ? En 1997, je publiais « *Assedic Blues, bureaucrate ou quelques*

centaines de francs par mois », déjà "choix social" et JAL
tentait de tenir en reprenant la technique de Romain Gary :
quand les médias ont décidé que tu ne devais plus exister,
change de masque. Mais il faut un minimum de relations,
donc peut-être de compromissions, pour ce genre de rôles.
Il était Paul Smaïl du *Vivre me tue*.

XV – 2008 – 2020
Même opportunité pour les milliardaires

Notre Covid ? Une formidable opportunité pour les milliardaires accroître leur pressurisation de la planète, la chosification des pauvres. Au début, ils ont tremblé, car les petites mains confinées n'apportaient plus leur contribution à leur croissance mais rapidement, en suivant la même logique qu'en 2008, où le peuple fut appelé à faire des sacrifices pour sauver les banques, les gouvernements ont appliqué, sans contestation possible, les mesures les plus pratiques pour amplifier la rentabilité du capital.

Bien sûr, ça se voit ! Les milliardaires ne peuvent pas s'empêcher de régulièrement parader, surtout celui qui gagne quelques places dans leur classement. Et le monde des dividendes est connu. Donc imaginez les paradis fiscaux ! Mais il suffit de quelques faits divers pour occuper le temps de cerveau disponible des bons travailleurs, de toute manière soumis à une cadence ne leur permettant pas de vraiment essayer de décoder la communication globale. Qui possède encore des grilles de lecture ? Naturellement plus personne ne croit en l'intégrité de journalistes devenus de simples rewriters des communiqués mais néanmoins les grands médias occupent les écrans !

Vous ne me voyez pas ! On vous dit que c'est un moteur de recherche mais c'est une présentation des « leaders. » Dans un monde merveilleux et juste : ils apportent leur contribution en achetant de la pub.

13 100 milliards de dollars, selon le classement annuel de *Forbes*, publié le mardi 6 avril 2021... Un magistral bon en avant de la fortune cumulée des milliardaires en 2020. Ils sont 2 755 (+493 par rapport au bilan de 2019) à se les partager, dont 42 français, titulaires de 510 milliards de dollars de cette richesse indécente, presque le double qu'au classement précédent (277 milliards de dollars)

avec quatre notables de plus qu'en 2020, et un de moins car l'héritage d'Olivier Dassault semble devoir être divisé.

Je reprends les noms des néo-milliardaires : Stéphane Bancel à 3,5 milliards d'euros (PDG de Moderna dont j'ignore le créneau, sûrement moderne), Olivier Pomel à 1,5 milliard d'euros (PDG d'une société dite de surveillance du cloud Datadog), François Feuillet au même niveau (PDG de Trigano, devenu le leader européen des camping-cars), et Yves-Loïc Martin à 100 millions de moins (un administrateur des laboratoires d'analyse Eurofins Scientific).

Avec, malgré son coûteux divorce, Jeff Bezos d'Amazon en homme le plus pitoyable du monde, le plus riche selon les chroniqueurs habituels. Suivi d'Elon Musk, patron de Tesla et SpaceX et notre Bernard Arnault de LVMH avec 125,2 milliards d'euros. Oui il vaut mieux convertir en euros même si en comptant l'œuf à 20 centimes et une ponte moyenne de 180 par an, il faudrait 3,47 milliards de poules pour lui livrer sa fortune dans l'année.

Françoise Bettencourt Meyers semble toute jeune par rapport à la vieille dont elle a hérité ! Cette petite-fille du fondateur de L'Oréal repose sur 61,4 milliards d'euros avec le statut de femme la plus riche du monde, douzième fortune mondiale.

Sur notre podium de la honte monte également François Pinault, 84 ans, 32ème fortune mondiale avec 35,3 milliards d'euros.

Pourquoi ces noms et ces montants à ne pas retenir, dans cet essai ? J'ai essayé de lancer une série « rire des riches », disons que ce classement les montre du doigt. Je sais, certains les envient… Je sais, c'est humainement triste. Voilà où il faudrait raboter, oui il existe un ignoble phénomène d'amassement…

En 4 et 5, deux frères : Alain (72 ans) et Gérard (70) Wertheimer ont hérité de l'empire de leurs parents. Ils sont copropriétaires de Chanel avec 28,8 milliards d'euros chacun. Même leurs dépenses quotidiennes sont similaires ? Sixième, un petit jeune de 50 ans, toujours en réelle activité, Emmanuel Besnier, le principal actionnaire de Lactalis, comme quoi l'agriculture, dans son versant transformations, rapporte énormément, tandis que les agriculteurs vivent principalement de subventions monsieur a accumulé 15,9 milliards d'euros. Cet argent n'est-il pas celui obtenu sur le dos des paysans ? Celui sur le dos de la pollution ?

Patrick Drahi, le président-fondateur d'Altice, arrive derrière, avec 7 années de plus au compteur et 9,8 milliards d'euros en poids.

Huitième, Rodolphe Saadé, 51 ans, PDG du groupe CMA CGM, dont je découvre l'existence, c'est le leader mondial du transport et de la logistique. Il a hérité en 2017 du groupe de son père. Il est noté franco-libanais et à 9 milliards d'euros.

Neuvième : il a 53 ans, un homme connu du grand public par Free, son groupe s'appelle désormais Iliad, Xavier Niel, à 7,3 milliards d'euros.

Et dixième, Alain Mérieux, trente ans de plus, de l'Institut Mérieux, un organisme dit de médecine et de santé publique à 6,8 milliards d'euros.

Parmi les conséquences de la mondialisation : l'extrême richesse est désormais responsable de l'extrême misère. Aucun coin de la planète n'est épargné par la mainmise de l'économie mondiale et dans ce système global, plus certains amassent moins il reste de miettes à se partager. En 1900, les campagnes françaises, par exemple, restaient encore déconnectées de la gloutonnerie des puissants…

XVI – Nous avons besoin de si peu de choses

J'ai besoin de si peu de choses ! Au contraire de mes contemporains, visiblement !

J'ai essayé de l'exprimer en refrains, sans retours.

> *Quand on ne sait pas aimer le peu*
> *Dès que l'on a UN on veut DEUX*
> *On veut de la nouveauté*
> *Quand posséder c'est exister...*

Une chanson potentielle restée en « poésie » à la sacem, sans musique ni voix. Pourtant, le stoïcisme demeure toléré en République ?
Presque 2000 ans après Sénèque, je reprenais son thème du superflu.

> *On s'épuise pour le superflu*
> *Et trop tard on se rend compte*
> *Ne pas avoir vraiment vécu*
> *On s'épuise pour le superflu*

Oh miracle, Issa Style se l'est approprié mais son rap stoïcien reste "à découvrir". De nombreux couplets furent écrits, déjà publiés dans des livres invisibles. Vous découvrirez même, si le maître du monde le permet, la vidéo et le texte intégral. Quelques couplets :

Vois-tu le temps comme notre bien le plus précieux ?
On se le laisse voler, on le donne pour bien peu
Devant l'écran on s'assied parfois
Avant de retourner gagner le fric qu'on doit

Mérite-t-il ma sueur, le petit supplément ?
Quand j'aurai plus d'argent, je le dépenserai comment ?
Dans un engrenage j'ai mis le doigt
Est-ce que mon bras suivra, et ma tête tombera ?...

XVII – Sagessons-nous !

« *J'ai allumé la flamme de la sagesse dans le cœur des êtres perdus dans leur aveuglement.* » Ainsi s'exprimait Gampopa au XIIe siècle. Citation, et non appropriation. Je ne vous apporte pas la sagesse, je vous encourage à ne pas ignorer cette voie.

Sagessons-nous, un néologisme. Assagissez-vous véhiculerait un autre sens. Assagissons-nous, encore plus. Il s'agît bien de « sagessons-nous ! », et non « sagessez-vous ! » même si la référence à « *Indignez-vous !* » est inévitable, le best-seller de Stéphane Hessel, lui ayant permis, entre autres, d'obtenir le nom d'un pont de Cahors.

S'indigner, c'est laisser les émotions nous diriger. Même si le vieil homme était respectable dans ses engagements, on peut sourire de cet « *Indignez-vous* » 2010 dérivé en soutien à François Hollande en 2012, faute de son candidat rêvé, DSK en personne. « Sagessons-nous ! » Je doute de l'attention médiatique à une telle exclamation. Je doute vraiment de mes contemporains ! Pas vous ?

Nous pouvons montrer l'exemple, vivre selon notre compréhension de la sagesse, même si nous restons invisibles pour nos contemporains. De toute manière, la prudence s'impose.

Confucius remarquait déjà « *si l'honnêteté règne dans le pays, un homme peut être audacieux dans ses actes et dans ses paroles mais si l'honnêteté n'existe plus, on sera audacieux dans les actes mais prudent dans les paroles.* » J'avoue mon imprudence. Mais l'approche de la mort relativise le pouvoir de nuisance des affairistes.

XVIII – Vous reprendrez bien un peu de sacrifices ?

On vous demande des sacrifices, pour le bien des milliardaires. Au boulot !

Manuel Valls, ès Premier ministre, avait choisi un journal espagnol, *El Mundo*, qui l'avait sacré *« homme de l'année »*, pour lancer sa bonne nouvelle le 29 décembre 2014 : *« Je ne veux pas dire aux Français que, d'ici deux à trois ans, nous en aurons fini avec les sacrifices. »* Putain deux ans, aurait pu répéter Bernadette Chirac, puis 2017 et arrivé et Emmanuel Macron a ajouté sa milliardaire touche !

Durant ces "quelques mois", selon le futur parachuté en Espagne faute de fonctions à la hauteur de ses ambitions de ce côté des Pyrénées : *« Nous devons faire des efforts pendant des années pour que la France soit plus forte, pour que ses entreprises soient plus compétitives et pour que son secteur public soit plus efficace, avec moins de coûts et moins d'impôts. »*

Ah le magnifique *« pour que la France soit plus forte »*, Valérie Pécresse pourrait le reprendre, pour se différencier d'Emmanuel Macron.

Manuel Valls n'avait donc pas encore vu que certains s'en mettaient plein les poches ?... Il était de gauche ! Au moins madame Pécresse n'essaye pas de le prétendre.

En février 1995, Eric Dupin, dans une analyse publiée par *Libération*, vous savez, le quotidien de la censure Ternoise, où Edouard Balladur figurait en grand favori de la présidentielle, notait, et je l'exhume également pour le côté "résumé de l'époque" : *« Les atouts contradictoires de Jospin.*

Le candidat socialiste a l'avantage d'être, dès l'aube de sa campagne, le champion identifié de la «gauche mesurée», autant ouverte que modérée. Il réussit également à décrocher la première place des intentions de vote dans deux autres catégories de la gauche plus râleuse, que le PS avait finit par dégoûter dans une assez large mesure.

C'est le cas de la «gauche de résistance», accrochée à ses acquis sociaux et qui ne veut plus entendre parler de la ritournelle des sacrifices censés préparer des lendemains chantants, où Jospin devra tout de même repousser des concurrences venant de sa gauche comme de sa droite. Un exercice du même ordre mettra le candidat socialiste aux prises avec les états d'âmes bien compréhensibles de la «gauche désabusée». »

Ah la gauche mesurée, ouverte et modérée, qui mieux qu'Emmanuel Macron peut se proclamer la représenter. Si Libération avait de la mémoire, ou lisait ce livre, il pourrait déjà préparer son titre de l'entre deux tours.

XIX – Être ou avoir ?

De la réponse à la petite question fondamentale « être ou avoir ? » dépendent les autres. Des portes s'ouvrent, d'autres se ferment. Certains pensent clore le débat trop philosophique en souhaitant les deux, les plus réactifs peuvent même le formuler « *pour me sentir être, j'ai besoin d'avoir !* »

Mais la manière d'agir avec la pensée d'avoir, même en prétendant, de bonne foi, pour être, s'arrête très rarement au minimum dans une société d'abondance où défilent les slogans chargés d'allumer les désirs.

La voie de l'être de la France Harmonieuse contient la lucidité des besoins essentiels. Manger, boire, se vêtir, dormir. Donc avoir un toit stable. La propriété n'est pas remise en cause ! Nous ne sommes pas communistes ! La propriété modeste, pour tous, relève même de l'urgence sociale. **D'un équilibre social juste.**

Les politiciens, pas seulement "de droite" adorent l'ordre social, l'ordre des puissants parvenus à imposer leur vision du monde. Alors que l'équilibre social juste accorde à tous la possibilité d'être, de se consacrer à la spiritualité, partiellement ou totalement, base de l'harmonie.

Toute expression sociale de la sagesse sera subrepticement évacuée par « un risque sectaire », « une religion », en « isme. »

XX – Sans élu donc sans temps de parole !

Pour toute personne engagée sur « la voie spirituelle », être élu constitue une perte de temps. Le cercle de la comédie sociale, ses obligations, éloigne de la vraie vie. On peut certes prétendre et même croire « je serai autrement. » Accéder à une haute fonction sans en subir le poids, seul le sage y parviendrait. Côtoyer tellement de clowns genre Aurélien Pradié (« vous est un clown » est sûrement la phase la plus réfléchie de son mandat, sur twitter, à mon égard ; pour Emmanuel Macron il utilisa le terme « comédien », comme quoi l'inculte cultive son domaine). Donc autrement mais malgré tout ici et maintenant, avec un statut, des sollicitations, des facilités. Et tout le monde se laisse grignoter son temps. D'où la nécessité de fuir la foule. Sénèque le conseillait déjà à Lucilius.

Pourtant, il est urgent d'obtenir une représentation car les piliers de l'avoir ferment méticuleusement toutes les portes de l'être, bouchent toutes les mailles du filet permettant de vivre en marge dignement, la plus légitime des ambitions humaines. Ce n'est plus un filet mais un mur. Comme si la « pauvreté harmonieuse » représentait un danger pour l'époque. Même "l'utopie" du "temps choisi" grâce à un "revenu minimum d'existence" est sortie des revendications de notre prétendue gauche. Le travail comme valeur suprême !

XXI – L'Éducation Nationale forme des gens utiles

Transmettre des compétences utiles aux entreprises, former des rouages de l'économie, quelle grande ambition pour L'Éducation Nationale. Finie la mission de formation des citoyens. Même l'expression correcte en français, les logiciels soulignent en rouge les erreurs, donc inutile d'y consacrer trop d'heures, aux accords, au style. Les « hussards de la République» remplissaient une véritable vocation, assuraient l'instruction obligatoire, gratuite et laïque de tous, afin de « *faire disparaître la dernière, la plus redoutable des inégalités qui vient de la naissance, l'inégalité d'éducation.* » Jules Ferry, 1870. Former des citoyens ? Mais nous n'en avons pas le temps, monsieur l'utopiste ! Les parents, Internet et la télévision s'en chargent !

XXII – Éradiquer la pauvreté ou la respecter ?

Sœur Emmanuelle témoignait « *quel que soit le continent, le désir le plus impérieux d'un pauvre, son besoin essentiel, c'est d'être respecté.* »
Henry David Thoreau affirmait « *assurez-vous que l'assistance que vous donnez aux pauvres est bien celle dont ils ont le plus besoin... il se peut que celui qui consacre le plus de temps et d'argent aux nécessiteux contribue le plus par sa manière de vivre à produire cette misère.* ».
Marie de Vichy-Chamrond, marquise du Deffand, écrivait à Voltaire « *Tous ceux qui disent qu'on peut être heureux et libre dans la pauvreté, sont des menteurs, des fous et des sots.* » La pauvreté du 18e siècle, c'était la misère mais que pouvait en savoir cette marquise des salons, de très ancienne et riche noblesse, décédée neuf ans avant la petite révolution française ? Qu'en sait le Jean-Luc Mélenchon attablé depuis des décennies aux meilleurs râteliers de la République ?
Car monsieur Mélenchon veut « *éradiquer la pauvreté.* » Commencez d'abord par comprendre la pauvreté, la respecter, monsieur le plus riche, donc candidats, des prétendus *insoumis*. [Je n'en sais rien, en fait, des prétendus communistes ont tellement accumulé à notre époque...]
Qu'on foute la paix aux pauvres ! Quand sa bourse lui fut volée, Lanza Del Vasto comprend : « *les choses s'arrangent d'elles-mêmes pourvu qu'on ait soin de les laisser faire.* » Puis il expose une analogie avec l'homme à l'eau : « *Un homme qui ne sait pas nager, comment réussit-il à se noyer ? Le corps est plus léger que l'eau et flotte naturellement, comment réussit-il à le noyer ? Il prend peur, croyant qu'il coule, il se débat et aussitôt il coule.* » Et d'en conclure : « *L'homme qui tombe à l'eau du dénuement n'a qu'à s'y détendre en souriant aux anges. Alors il flotte.* » (*le pèlerinage aux sources*)
Dans notre pays de l'abondance, n'ayez plus peur de la

pauvreté, flottez ! Malgré nos racines toujours prétendues chrétiennes, il est devenu impossible de suivre l'exemple de Saint François d'Assise, ou Saint Benoît Labbe, d'une vie de pauvreté paisible et heureuse.

Ainsi, toute préoccupation de l'être témoigne d'un problème. Le récalcitrant a tout intérêt à rester discret. Si le déviant exprime publiquement son opposition, le piège social peut se refermer, avec la bénédiction de psychiatres naturellement indépendants, en "suivi", camisole chimique, enfermement…

Le choix de la pauvreté, dans une société d'abondance, constitue la voie la plus lucide, permettant de se consacrer à l'être. Mais il semble intolérable aux installés, qui ont multiplié les bâtons dans nos roues.

Combien de jeunes ont entendu parler de la voie de la pauvreté harmonieuse ? Cette possibilité d'atteindre la sérénité. Moins l'être humain s'encombre de nécessités sociales moins il tremblera à l'idée de perdre son niveau de vie.

Puisqu'on cause d'argent... dès qu'il ne sert plus à répondre à un vrai besoin de vie, il faut s'en méfier... Il semblerait que l'argent transforme ceux qui en ont un peu trop. Il semblerait que rapidement, passé le niveau où il t'assure une certaine tranquillité, l'idée de l'argent pour l'argent s'empare de toi.

Au point de penser à l'amasser comme si tu devais t'assurer de quoi vivre trois millions d'années. Au point de redouter l'idée d'être moins riche. Au point de regarder les plus riches avec envie. Au point de vouloir toujours plus, autre chose, autrement. Au point de ne plus pouvoir être heureux.

L'idée de pauvreté n'est pourtant pas très populaire. On gagne des élections avec "gagner plus", "enrichissez-vous !" mais jamais, en France, avec l'idée de pauvreté, qui n'est pourtant pas un hymne à la misère. Dans un pays d'abondance, il ne s'agit pas de "retourner en arrière", sans électricité ni facilités. Mais de parvenir à un équilibre, entre le développement technique et l'art de

vivre. L'état de la planète ne peut certes pas toucher les assoiffés d'argent ni les plus démunis...
Être pauvre et heureux, si nous sommes d'accord sur le sens des mots, je vous souhaite d'être pauvres et heureux. Il s'agit peut-être de la plus grande des richesses...

« *Supprimons la misère, cultivons la pauvreté.* » Je ne suis pas le premier à l'écrire. Je l'ai lu, dans « *le pèlerinage aux sources.* » Ma variation inédite, selon maître GG : « *Combattons la misère, aimons la pauvreté.* »

XXIII – Nous pouvons tous prétendre au confort

Souhaiter "un certain confort" est légitime. En faire le but de la vie, c'est se réduire à peu de choses et surtout s'engager dans une voie néfaste aux autres.

Le but de la vie, ce n'est pas l'économie, ce n'est pas la consommation, ce n'est pas le confort dépassant le confortable, c'est la vie.

La consommation est une nécessité quand elle répond aux besoins réels. Tout le reste n'est que manipulations des masses par des cyniques obnubilés par une plus grosse part du gâteau et cherchant le meilleur moyen d'obtenir de la croissance car elle leur permet d'accroître leurs possessions, leur pouvoir, leur monde illusoire.

L'agriculture de gros propriétaires aux centaines, milliers parfois, d'hectares, comment la concevoir respectueuse de la production, de la terre ?

L'humain aux dix, cinquante maisons, n'est-ce pas une manière de mettre à la rue ou d'entasser dans des ghettos les plus pauvres ?

Oui, avec des limites, non seulement on cesse l'inflation des biens uniquement causée par ces spéculateurs mais on redonne aux moins fortunés la possibilité de posséder l'essentiel. Un toit et un coin de terre pour un jardin un verger figurent dans l'essentiel d'une société prospère. Un confort décent.

Quand la commodité crée un asservissement, il est urgent de s'en passer.

Même si "tout le monde" fait ça, utilise ça, vit ainsi.

XXIV – Qui va rejoindre La France Harmonieuse ?

S'ils étaient réellement écologistes, nos *écologistes* rejoindraient le mouvement de l'être. Les "déçus de l'écologie sur un strapontin du PS" pourraient constituer la base de la FH. Si nos *insoumis officiels* étaient vraiment insoumis à l'avoir, et à leur providentiel leader admirateur de Fidel Castro, ils rejoindraient cette voie harmonieuse. Avec de réels marcheurs, celles et ceux qui ont cru en Emmanuel Macron, non pour marcher vers la fortune, mais pour sortir la France de l'impasse des partis, par le haut. Mais plus probablement (en cas de visibilité) celles et ceux qui comme moi se sont toujours tenus éloignés des partis et ont déserté les urnes.

L'harmonie des isolés. Je suis un isolé. J'écris. J'essaye le plus possible de vivre en respectant ma compréhension du monde, donc d'éviter les embrigadements, m'exprimer sans me soucier de la malveillance des pantins dont la seule exposition de leur réalité semble engendrer une tenace rancune.
Vous êtes isolés également, sûrement. Si vous découvrez ce livre ! Nous les isolés, face aux affairistes associés, si nous souhaitons essayer de sauver la planète bleue, sûrement devons-nous représenter un poids collectif.

XXV – Le système de parrainages

Des parrainages justifiés par la nécessité d'écarter "les farfelus" ! Une douzaine de candidats, avec la prétention de représenter l'ensemble de l'échiquier politique.

En 2016-2017, le livre « *Présidentielle 2017 Candidat de la ruralité réelle et de la modernité* » est resté invisible. Et j'ai préféré essayer d'attirer l'attention avec ma « disparition », magistralement ignorée.
En 2021-2022, « *face aux piliers de l'avoir, le candidat de l'être* » aurait pu témoigner de ma continuité. Rien !

L'élection présidentielle française de 1958, la première après l'adoption de la Cinquième République, s'est déroulée le 21 décembre. Charles de Gaulle y obtint un plébiscite du "collège électoral", 82 000 "grands électeurs", parlementaires, conseillers généraux et des représentants de conseils municipaux. 78,5% des suffrages exprimés face au communiste Georges Marrane et au divers gauche Albert Châtelet... Ce troisième homme était né à Valhuon, dans le Pas-de-Calais, dont l'école où je suis passé du chti au français porte désormais le nom. Il fallait pour concourir cinquante "présentations" de ces notables.
Le général de Gaulle fit voter en 1962 l'instauration du suffrage universel direct. Les candidats devaient toujours recueillir des "présentations", désormais cent. En 1976, le nombre fut porté à cinq cents.

Cette influence dans le choix du chef de l'État est un véritable premier tour. Le nombre de bulletins possibles est d'environ 47 000. Du fait du cumul de mandats, un élu ne pouvant parrainer qu'un seul candidat, le nombre de signataires oscille vers 40 000.
D'où l'urgence de continuer à regrouper les communes en "communes nouvelles" et de restreindre au maximum l'accès aux élections des indépendants. Même si les élus sont déjà facilement tenus en laisse par la crainte de

représailles, surtout chez les maires, celle d'être privé de subventions par exemple. Parrainer Ternoise peut risquer de vous sucrer des subventions départementales et régionales dans le Lot ?

Notre élection présidentielle a donc trois tours, contrairement à la communication officielle qui préfère ne pas classer notre République dans une démocratie où des grands électeurs choisissent le Président, le peuple ne pouvant qu'affiner ce choix, donc le plus souvent votant pour éviter le pire, ou s'abstenant.

Mi février 2022, François Bayrou plastronne en mécène de Mélenchon, il est disposé à demander à ses amis d'apporter deux cents suffrages au candidat le plus riche parmi les potentiels représentants des pauvres. Ce n'est pas merveilleux, François Bayrou comme arbitre des sélectionneurs des candidats des notables ! Et après le peuple sera appelé à faire son devoir de citoyen !

XXVI – Le ferroutage des autoroutes

« Ferroutage pour tous sur les autoroutes. » Le point sur lequel ma communication fut la plus fréquente. Mais rien ! Personne pour répondre « mais oui ! » Ni le prix de l'essence ni la pollution ne sont sûrement pas encore assez élevés.

11 500 kms d'autoroutes, soit environ 1% du réseau routier français. Cette infrastructure est une réussite, seulement 8% des victimes et blessés pour un quart du trafic routier. « *Le réseau autoroutier est cinq fois plus sûr que les autres réseaux.* » (1,5 accident mortel par milliard de kilomètres parcourus selon l'Asfa)

Je prends rarement l'autoroute, voyageant peu. Mais j'ai vu, en semaine, l'absurdité d'une ou deux voies occupées en quasi continu par des camions.

Interdire les camions sur les autoroutes semble nécessaire. Donc soit trouver un autre moyen de transport. Soit mettre les camions sur des rails. Et dans ce cas, incorporer les voitures dans la nouvelle révolution du rail !

Cette solution n'est jamais proposée, comme si la puissance des concessionnaires de ces réseaux dépassait désormais l'intelligence des politiques.

Les tracés existent, stables le plus souvent, déposer des rails sur le revêtement actuel ne devrait pas coûter plus cher qu'un remplacement !

La durée de vie du bitume et le coût d'un remplacement frisent le secret d'État ! J'ai néanmoins déniché pour un "nouveau revêtement anti-bruit" : 2,2 M€ les dix voies sur trois kilomètres. De quoi déposer des tiges de fer et acheter locos et wagons !

Le ferroutage, techniquement, ça fonctionne, les navettes Eurotunnel pourraient servir à écarter les réticences. En période "normale", 5000 camions seraient transportés chaque jour entre la Grande-Bretagne et la France. Un ferroutage efficace existe également entre l'Allemagne et l'Italie, à travers la Suisse.

Mais la volonté ? En février 2012 la *SNCF* a même fermé la ligne de ferroutage Toulouse (Fenouillet) – Paris. Surprenant pour les non initiés mais la SNCF peut être considérée comme le premier transporteur routier français, via sa participation dans *Geodis*, connu du grand public par sa filiale *Sernam*. Cette ligne de ferroutage était justement exploitée par *Novatrans*, détenue à 96% par Geodis.

Un projet de ligne entre Lille et Bayonne, évalué à 400 millions d'euros, a été "suspendu" en 2016. 400 millions d'euros pour une création, avec sûrement expropriations et autres difficultés. L'utilisation des autoroutes semble une nécessité pour éviter l'excuse du coût exorbitant.

Ce ferroutage, au final, même financièrement, pourrait ne pas coûter plus cher à l'utilisateur. Péage, plus essence, plus usure de la voiture. Plus fatigue du chauffeur…

XXVII – En finir avec la nostalgie
des Trente Glorieuses

Ah les Trente Glorieuses ! Une période faste, selon le critère de la croissance économique et de l'augmentation du niveau de vie, de 1945 à 1975, pour l'Occident.

La société de consommation triomphait, boostée par l'investissement productif, les progrès techniques, le "plein emploi", l'insouciance, le mépris des conséquences, la marginalisation des "lanceurs d'alertes", caricaturés en baba-cool, passéistes.

Puis il y eut le choc pétrolier de 1973 et ce fut la crise, merveilleuse période pour permettre aux plus riches d'accroître leur fortune en pressurisant les modestes, naturellement au nom de « la nécessité. »

Ces prétendues Trente Glorieuses furent Les Trente Saccageuses, de l'eau, de l'air, de la terre.

Le vrai virage, le vrai changement, serait de nous orienter vers la sagesse, une société de l'être.

XXVIII – Les premières conséquences
Macron les a vues !

Il y a parfois un côté ridicule chez Emmanuel Macron. Ainsi quand le 19 avril 2021 il twittait « *Les premières conséquences concrètes du dérèglement climatique se font sentir. Il est temps de passer à la vitesse supérieure.* » Macron ouvrait les yeux ! Nicolas Hulot fut pourtant son « Ministre d'État Ministre de la Transition écologique et solidaire. » L'auteur, en 2004, du livre « *Le Syndrome du Titanic* », où l'on peut lire « *les dégradations sont partout perceptibles et les points de non-retour souvent atteints (…) le phénomène de dégradation empire sans cesse, les dégâts sont désormais visibles à l'œil nu… »*
Emmanuel Macron semble vraiment avoir loupé des étapes du monde. Peut-être était-il trop occupé, quand, par exemple, dans les années 1980-1990, Edward Osborne Wilson (né le 10 juin 1929 à Birmingham, Alabama), biologiste, entomologiste de notoriété mondiale, fondateur de la notion de "sociobiologie" popularisait le terme "*biodiversité*" (introduit en 1980 par Thomas Lovejoy).
« *L'extinction des organismes vivants est le dégât biologique le plus important de notre époque, car il est totalement irréversible.* »
« *À présent, lorsque vous détruisez une forêt, une forêt ancienne en particulier, vous ne faites pas que supprimer des grands arbres et quelques oiseaux qui volent dans les feuillages. Vous mettez en grand danger un nombre important d'espèces sur une surface d'un mile carré autour de vous. Le nombre de ces espèces peut aller jusqu'à des dizaines de milliers. La plupart d'entre elles sont encore inconnues de la science, et nous ne connaissons pas encore le rôle probablement primordial qu'elles jouaient dans la préservation de cet écosystème, comme dans le cas des champignons, des micro-organismes et de nombreux insectes.*
Abandonnons immédiatement la notion selon laquelle il

suffit de conserver une petite portion de la nature originelle, quelque part, et que l'on peut faire ce que l'on veut du reste de la planète. C'est une notion fausse et extrêmement dangereuse. »

XXIX – L'harmonie,
Henry David Thoreau la souhaitait

Henry David Thoreau n'a jamais osé rêver, se projeter dans un futur où l'on pourrait aussi bien vivre en se consacrant à la vie. Dans *Walden* il écrivait « *En général, les hommes, même en ce pays relativement libre, sont tout simplement, par suite d'ignorance et d'erreurs, si bien pris par les soucis factices et les travaux inutilement rudes de la vie, qu'ils ne savent cueillir ses plus beaux fruits... L'homme laborieux n'a le temps d'être rien autre qu'une machine... La pauvreté volontaire... Il y a de nos jours des professeurs de philosophie non pas de philosophes* [et nous avons Luc Ferry !] *Être philosophe ne consiste pas simplement à avoir de subtiles pensées, ni même à fonder une école, mais à chérir assez la sagesse pour mener une vie conforme à ses préceptes, une vie de simplicité, d'indépendance, de magnanimité, et de confiance... J'appris de mes deux années d'expérience qu'il en coûterait incroyablement peu de peine de se procurer la nourriture nécessaire, même sous cette latitude... Je m'aperçus qu'en travaillant six semaines environ par an, je pouvais faire face à toutes les dépenses de la vie... mon plus grand talent a été de me contenter de peu...* »

Henry David Thoreau aurait sûrement adoré le RSA, même si les matons et logiciels administratifs l'auraient forcément harcelé, considéré apte à accroître la fortune des milliardaires.

Pourquoi a-t-il vécu dans les bois, au bord de l'étang Walden, à Concord, dans le Massachusetts ? « *Je gagnais les bois pour vivre suivant mes réflexions, affronter uniquement les actes essentiels de la vie, voir si je parvenais à apprendre ses enseignements, et m'éviter de découvrir juste avant de mourir que je n'avais pas vécu...* » Ce ne fut certes seulement deux années, condensées en une pour le récit. « *Je quittais les bois pour un aussi bon motif que j'y étais allé. Peut-être me sembla-t-il que j'avais plusieurs vies à vivre et ne pouvais plus donner de temps à celle-là... »*

Il s'y était installé à 28 ans, sur une terre prêtée par Emerson, un écrivain, un ami, après des études à Harvard puis un rapide licenciement pour refus d'appliquer les châtiments corporels ès maître d'école. Le livre sera publié en 1854, confidentiellement. Lui également sa respiration s'est arrêtée à 44 ans, le 6 mai 1862.

Même pas un manifeste prosélyte ! *« Je ne voudrais absolument pas voir quiconque adopter MA façon de vivre... mais ce que je voudrais, c'est que chacun soit attentif à découvrir et suivre SA propre voie, et non pas celle de son père, sa mère ou son voisin... »* Encore quelques mots : *« Notre vie se gaspille en détails... Donnez-moi la pauvreté qui jouit de la véritable opulence... Qui sait le genre de vie qui résulterait pour nous du fait d'avoir atteint à la pureté ? Si je savais un homme assez sage pour m'enseigner la pureté, j'irais sur l'heure à sa recherche... La richesse superflue ne peut acheter que des superfluités... »*

XXX – Du pouvoir d'achat
ou le pouvoir de vivre dignement ?

Des manifestants continuent à réclamez du pouvoir d'achat ! Emmanuel Macron, Jean-Luc Mélenchon, Valérie Pécresse et les autres doivent savourer la réussite du conditionnement. Plus personne, de visible, ne réclame un revenu d'existence tranquille mais du prétendu pouvoir, d'achat ! Nous n'avons aucun pouvoir ! Au mieux, nous croyons prendre et nous sommes pris.
Les grands manipulateurs se sont bien amusés en appelant "pouvoir d'achat" notre capacité d'acquérir des biens inutiles, d'avancer dans la "bonne direction", tels des ânes guidés par des ravissantes carottes hologrammes.
Vous voterez pour le candidat de la relance, de la croissance, de l'emploi ?
Quand vous obtenez plus, vous dépensez plus, vous n'êtes vraiment pas raisonnables. Coluche vous l'avait déjà balancé ! Mais vous aimez acheter, vous vous habituez à dépenser toujours plus. À un confort, standing, "niveau de vie", une apparence, des goûts imaginés de luxe, ce luxe inculqué, par leurs produits "de marque" ! Vive les divertissements.

Même si les grands patrons font semblant d'être dérangés par vos cris, par les journées perdues, ils apprécient, c'est un mal préférable : vous êtes bien conditionnés, bien intégrés, dans leur grand marché. Vous vous démenez pour réclamer, obtenir, quelques miettes supplémentaires du petit gâteau, vous acceptez la contrepartie nécessaire, de faire grossir leur grosse galette.

Dès qu'on achète du superflu, on entre dans une impasse. Je l'ai également expérimenté. J'étais cadre, à Groupama Arras puis Nord-Est, secteur informatique. C'était avant l'an 2000. À 25 ans, j'ai pris le risque d'essayer de vivre autrement, dignement, vraiment, et à 54, j'en suis persuadé, ma vie aurait été pire sur leur route. Y'a des murs devant moi mais au moins je n'ai pas perdu mon temps à les ériger. Alors j'essaye d'éclairer, avec des aphorismes faciles à retenir ! Pouvoir d'achat ! Vous avez laissé les achats prendre le pouvoir de vos vies. Vous croyez prendre et vous êtes pris, c'est le pouvoir du conditionnement. Vous croyez même "posséder", ce terme laissant imaginer un droit inaltérable, alors que vous accaparez seulement et vos héritiers se partageront les restes.

On ne changera pas ce monde, on ne changera pas ces riches avides d'accroître leur richesse mais on peut essayer de sortir de ces notions de pouvoir. Car on en est toujours les perdants.

Victor Hugo, né en 1802, analysait déjà cette dérive « *À force de vouloir posséder, c'est nous-mêmes qui sommes devenus possédés.* » Si tu nous voyais, cher Victor !

Le consumérisme, de la surconsommation mais surtout un état d'esprit de consommation comme mode de vie, comme sens de l'existence. Une idéologie. Par sophisme, elle s'est justifiée en se prétendant l'opposée du communisme. La surproduction étant la victoire du capitalisme et le consumérisme constitua « le rêve » pour des milliards d'opprimés. Consommer des aliments mais aussi des objets, des expériences, des émotions, les autres. Ils sont nés pour consommer ! La pauvreté de nos privilégiés est devenue un manque de superflu !

XXXI – La culture ou
la distraction et le divertissement

Emmanuel Macron a redonné à la figure de proue artistique, « rue de Valois », le titre « *ministre de la culture.* » Francoise Nyssen y a représenté les éditeurs classiques, un auteur *Acte Sud* recevant immédiatement le Prix Goncourt, le milieu confirmant sa propension à la soumission envers tout dominant. Franck Riester a laissé un seul souvenir, celui d'avoir été le premier positif au covid du gouvernement. Et Roselyne Bachelot est arrivée, sortie dans sa jeunesse de la cuisine Chiraquienne, l'a copié en ajoutant une mémorable accolade à Michel Sardou, sans parvenir à lui refiler le CodidOrgueil. Ministre des distractions, de la communication et des manipulations, nul ne résume ainsi dans la presse d'accompagnement des installés.

Soljenitsyne nous légua une formule: « *Nulle part, aucun régime n'a jamais aimé ses grands écrivains, seulement les minuscules.* » Il suffit de prétendre écrivain tout soumis et même Houellebecq réclame une légion d'honneur.

Du président de Gaulle, le grand Charles, la France aime rappeler sa création de ce ministère de la Culture. André Malraux fut ainsi "le Premier Ministre de la Culture", pas exactement, avec le titre certes, en 1959, de Ministre d'État mais « *chargé des Affaires culturelles.* »

En 1975 Georges Pompidou inaugura un nouvel intitulé pour Alain Peyrefitte "*Ministre des Affaires culturelles et de l'Environnement*". Le ministre de la censure fut également celui d'une certaine idée de leur kulture. Culture et environnement, c'était finalement un peu la même chose à cette époque, des notables en quête de reconnaissance et des braillards inutiles opposés à la marche du progrès, à tenir en laisse.

Valéry Giscard d'Estaing, pour un oublié de l'histoire,

Jean-Philippe Lecat, décréta l'intitulé voué à une longue série "*Ministre de la Culture et de la Communication*". Jacques Chirac, ès Premier ministre de François Mitterrand, l'avait repris en 1986 pour François Léotard. En 1997 Lionel Jospin, Premier Ministre de Jacques Chirac, le redonnait à Catherine Trautmann puis Catherine Tasca. Sous les présidences de Nicolas Sarkozy et François Hollande, il en fut également ainsi, avec même Aurélie F et *le neveu* de Mitterrand.

Michel Rocard, Premier Ministre en 1988, pour le retour de Jack Lang rue de Valois avait complété avec "*des Grands travaux et du Bicentenaire*". Pourquoi pas ! En 1992 Pierre Bérégovoy inovait : "*Ministre d'État, ministre de l'Éducation nationale et de la Culture*". Si les mots conservaient un sens, Éducation nationale et Culture devraient être associés. Edouard Balladur, en 1993, deuxième cohabitation, osait un audacieux "*Ministre de la Culture et de la Francophonie*", attribué à Jacques Toubon.

La culture aujourd'hui ? De la distraction où parfois se faufilent de rares exceptions. Mais pour se faufiler il faut, à un moment, tricher. C'est impératif !

XXXII – Être d'accord avec des puissants ou invisible

En 1906 Evelyn Beatrice Hall avait magistralement résumé la pensée de Voltaire par un aphorisme, rapidement traduit en français par « *Je ne suis pas d'accord avec ce que vous dites, mais je me battrai jusqu'à la mort pour que vous ayez le droit de le dire.* » Et par la magie de l'absence de connaissance de l'œuvre le condensé est passé au catalogue des citations du grand homme, régulièrement repris par nos vaillants humanistes, naturellement le plus souvent de manière hypocrite... Ne croyez pas qu'avant, aucun tabou n'encadrait la liberté d'expression.

Internet, après quelques années de liberté, s'est mis au niveau de la presse d'accompagnement des installés, et tout personne de pouvoir pourrait écrire, par exemple en tête de "mon groupe facebook" : « Je ne suis pas d'accord avec vous et je ferai tout pour vous salir, décrédibiliser, marginaliser, rendre invisibles, me battrai pour que vous finissiez par vous taire, vous agenouiller. »
Toute pensée non conforme à leurs dogmes doit être éradiquée. C'est bien d'une guerre contre l'intelligence, contre la pluralité de l'information et des analyses, qu'il s'agit, livrée par des militants et des fans. Pour qui toute critique est dénoncée comme une insulte justifiant une sanction. J'ai ainsi été viré de nombreux groupes facebook, comme je suis absent de nombreux médias.
Et ma chaîne youtube semble avoir souffert de nombreux « je n'aime pas » sur des vidéos ayant osé déboulonner les icônes Mélenchon ou *Le Rire Jaune*.
Coluche se permit de résumer la France Giscardo-Mitterrandienne d'un « *si la Gestapo avait les moyens de vous faire parler, les politiciens d'aujourd'hui ont les moyens de vous faire taire.* » Grâce à Internet, les militants et les fans sont devenus des alias de politiciens.

XXXIII – Fustiger la pollution des avions
mais défendre l'aviation !

Tout bon écologiste fustige naturellement l'avion, source de pollution manifeste. Mais sa casquette politique semble l'obliger à défendre le secteur de l'aviation, surtout quand il est français. Ainsi, même quand ils défilent pour la planète, nos lotois engagés vocifèrent dès qu'un sous-traitant de Figeac parle de licencier !
L'emploi plus important que la planète, c'est une vieille rhétorique grâce à laquelle les milliardaires parviennent à faire défendre leurs intérêts par la "bonne gauche" ! Les idiots utiles.

Léonore Moncond'huy, maire écologiste de Poitiers, a osé proposer à son conseil municipal une mesure cohérence, la suppression, en plus progressive, des subventions allouées aux aéroclubs de la ville. Avec même un mot de compréhension pour les fans : « *C'est triste, mais l'aérien ne doit plus faire partie des rêves d'enfants aujourd'hui.* » On aurait pu lui demander en quoi le déconditionnement des mômes relevait de la tristesse mais cette dame fut accusée de vouloir dicter leurs rêves ! Comme si la société ne s'y active pas chaque jour pour inculquer des envies bidons, de possessions et divertissements.
Le ministre des Transports, Jean-Baptiste Djebbari, ancien pilote de ligne, se croit sûrement très culturel d'étayer son « *indignation* » par du Saint-Exupéry : « *Fais de ta vie un rêve et d'un rêve une réalité.* » Pauvre inculte, l'aviation du *Petit Prince* visait à l'essentiel et non à détruire la planète.
Pour Marc Fesneau, ministre chargé des relations avec le Parlement. « *C'est curieux, cette capacité à dire comment penser, ce qu'il faut aimer, ce qui doit nous émouvoir ou doit nous faire rêver. Et à oublier que les progrès humains sont le fruit des rêves et de la liberté.* » C'est curieux un ministre niant à ce point la société du conditionnement et des manipulations pour laquelle il s'active.

Valérie Pécresse allait jusqu'à dénoncer le «
totalitarisme » des Verts, les accusant de « *priver les
enfants de leurs rêves* », vouloir « *les rééduquer.*»
Jean-Luc Mélenchon ne comprenant peut-être même pas
démasquer ainsi son hypocrisie écologiste « *Coucou
Poitiers ! Les rêves sont toujours libres. Signé Icare.* »

XXXIV – Un revenu universel pour le choix d'être

Avoir un projet de vie pour lequel le revenu universel est suffisant. Le pays est suffisamment riche pour permettre cette voie. Ce "sacrifice" engendrerait même une véritable richesse par le travail des "libérés du travail", leur création de "valeurs ajoutées", des œuvres, des produits de la terre…

Aurélien Pradié, porte-parole Pécresse durant cette campagne, avait déjà droit aux interviews du "JDD" en février 2021 et à la question peut-être suggérée « *Vous envisagiez en décembre un revenu universel versé dès 18 ans. Avez-vous abandonné l'idée ?* », le député du Lot bavait « *Je reste convaincu que c'est une piste à creuser. Il ne s'agit pas de copier la caricature du revenu universel de la gauche, mais de clarifier le maquis des aides sociales. Pour y prétendre, il faudra avoir consacré plusieurs mois à l'intérêt général.*

Et le travail devra toujours rester plus rémunérateur. Pour les 18-25 ans, cela serait une meilleure réponse que le RSA… »

On est clairement dans la "vieille droite", la réification des plus pauvres, leur mise au service d'un prétendu "intérêt général". Intérêt du général de pacotille ?

Jack Dorsey, c'est le patron de Twitter, le pays des tweets invisibles, et de manière surprenante sa fortune est estimée à 7,3 milliards de dollars (par leur Forbes). Le 9 juillet 2020 sa décision de donner trois millions de dollars pour expérimenter le revenu universel dans plusieurs villes des Etats-Unis tournait en boucle « *Il s'agit d'un outil permettant de combler l'écart de richesse et de revenu, de niveler les inégalités systémiques liées à la couleur de peau ou au sexe, et de créer une sécurité économique pour les familles* », selon une traduction de son tweet. La somme devant être versée à l'association *Mayors for a guaranteed income* (disons : *Maires pour un revenu universel*), toute neuve, de 16 maires (Atlanta en Georgie, Seattle, Los Angeles…).

On peut naturellement parler d'une goutte d'eau à l'échelle des réels besoins. Avec 0,04% de sa fortune, le Jack US parvenait à obtenir une pub qu'un allocataire du RSA en offrant 20 centimes à un plus pauvre ne peut espérer. Naturellement leurs informations ne fournissent aucun suivi de cette initiative.

On note néanmoins un débat aux Etats-Unis sur le revenu universel. Ainsi l'ancien candidat à la primaire démocrate Andrew Yang, portait le projet d'un revenu de 1 000 dollars par mois, sans condition, à chaque Américain à partir de 18 ans.

Qui en France parmi les candidats retenus par l'oligarchie des grands électeurs proposera un véritable revenu de libre choix social ?

XXXV – Se prétendre chrétien et penser fric ?

Notre époque aux mots vides ne demande plus aux politiciens d'être cohérents. Personne pour demander à Mélenchon de se priver d'une grande partie de sa fortune avant de vouloir représenter les "insoumis".
Selon Saint Matthieu, Jésus dit à ses disciples : « *un riche entrera difficilement dans le royaume des cieux.* »
Il précise : « *il est plus facile à un chameau de passer par le trou d'une aiguille qu'à un riche d'entrer dans le royaume de Dieu.* »
2000 ans plus tard, combien de prétendus chrétiens se soucient des paroles du Christ ? Chrétiens comme républicains, toujours du côté des plus nombreux, disposés à changer de veste au moindre signe ?

Leurs actes en contradiction avec les préceptes du Christ, ils osent pourtant se prétendre chrétiens ! Comment peut-on se décrire chrétiens et accumuler le maximum d'argent et de pouvoir ? Naturellement l'église officielle porte une lourde responsabilité. Quel Évêque ose dénoncer la vie de Bernard Arnault, un si merveilleux mécène ? D'ailleurs, quel "artiste" ose rire de Bernard Arnault, un si merveilleux mécène ?

Combien de richesses indécentes sont propres ? Combien d'héritiers auraient dû refuser leur pactole s'ils s'étaient souciés de son origine ? Combien de dividendes du marché noir, de trafics en tous genres, de la drogue aux armes, de marges sur des produits cancérigènes (amiante, pesticides, arômes, colorants…), commissions occultes (même sur le pétrole !)…
Quant à la famille de Raymond Barre, un bon chrétien sûrement, elle ne semble pas avoir restitué au pays les sept millions d'euros planqués en Suisse. Vous vous souvenez, d'avoir entendu causer de francs traduits en sept millions d'euros puis soudain sortis de l'actualité ? Le dernier Premier Ministre de VGE aurait emporté la caisse pour

éviter son appropriation par des socialistes, si j'ai bien compris. Naturellement, ce dossier, j'aurais aimé qu'il soit un symbole d'une opération mains propres lancée par Emmanuel Macron.

Leur Général De Gaulle était parfois lucide : « *je n'aime pas les miens parce qu'ils aiment trop l'argent.* »
Son désamour humain intégral étant : « *Je n'aime pas les communistes parce qu'ils sont communistes, je n'aime pas les socialistes parce qu'ils sont socialistes, et je n'aime pas les miens parce qu'ils aiment trop l'argent.* »
Imaginez un De Gaulle 2021 au pays des communistes et socialistes "réconciliés" avec le fric.
L'abbé Pierre (1912-2007), député accepté durant un mandat par le gaullisme, nous conseillait « *Il faut que la voix des hommes sans voix empêche les puissants de dormir.* »

XXXVI – L'arc-en-ciel de la France Harmonieuse

La couleur du mouvement *La France Harmonieuse* est tout naturellement l'arc-en-ciel. Le choix de l'être comporte de nombreuses voies. Il ne s'agit pas de les opposer mais les permettre. N'hésitez pas à photographier et diffuser l'arc-en-ciel de chez vous. En couverture de ma dystopie de notre monde en dérive vous trouverez le mien.

XXXVII – La vie, l'innovation et
le numérique en milieu rural

Le 17 mai 2018 tintintin @AurelienPradie twettait « *Je viens d'être désigné par le Premier Ministre pour mener une mission nationale autour de l'#innovation et du #numérique en milieu rural. Cette nomination est une chance pour notre ruralité et pour le #Lot. J'y exprimerai ma liberté de ton, mes convictions et mes valeurs.* »
Un minimum de valeurs, d'élégance, aurait signalé son collègue Stéphane Mazars, député LREM de l'Aveyron. Les deux ont rendu un rapport introuvable. *La Vie Quercynoise* en a peut-être obtenu un exemplaire, ou un communiqué, pas moi. Article du 28 mai 2019 :
« *Les deux députés y font des propositions pour permettre aux territoires ruraux de mieux se développer… remis un rapport de 150 pages à Jacqueline Gourault, ministre de la Cohésion des territoires et des Relations avec les collectivités territoriales… Pendant plusieurs mois, les deux députés ont rencontré des chefs d'entreprise, des sociologues, des experts agricoles et de la santé, des grands acteurs politiques* [Pourquoi l'absence des professionnels du numérique, certes rares dans la ruralité ?]*... pour « faire émerger un constat, des points d'inquiétude et des propositions »… Premier constat fait par les rapporteurs, le numérique n'est pas la panacée. « Le numérique n'est pas la solution à tout et n'a pas la vocation à remplacer tout ce que, humainement, on ne veut plus faire. Le tout numérique est dangereux. Il peut apporter à certaines personnes mais aussi en éloigner d'autres des services publics. » Le député du Lot rappelle qu'une « partie de la population n'a pas accès au numérique ». (...)
Aurélien Pradié rappelle qu'avec Stéphane Mazars, ils croient en « l'avenir de la ruralité ». « La ruralité n'est pas un problème. Ces territoires peuvent avoir un grand avenir. Il faut avoir un véritable plan de développement de la ruralité. » Les deux rapporteurs font un certain*

nombre de propositions sur la démocratie numérique (mise à disposition par l'État aux communes et aux collectivités d'une plateforme sécurisée qui puisse être utilisée pour consulter les habitants), sur la fiscalité (avoir une fiscalité attractive pour les entreprises qui s'installent en zone rurale)... »

Comme moi, Aurélien Pradié a sûrement subi le retard dans l'accès à une connexion décente et donc une arrivée tardive sur youtube. J'y suis officiellement « actif depuis le 27 février 2016. » Ma véritable activité ayant débuté quelques mois plus tard. 683 410 vues 2447 abonnés au 21 mai 2021, passé à 2724 le 18 févier suivant. Certes peu, mais suffisant pour me présenter premier web média du département. Aurélien Pradié « actif depuis le 21 janvier 2017 » 123 abonnés et 17 461 vues à la même date. Puis 143 neuf mois plus tard. J'aurais pu actualiser pour 2022 mais c'est crevant, comme disait Simenon. La logique aurait sûrement nécessité mon audition sur le sujet de la ruralité et des médias indépendants du web. Monsieur le député possède pourtant mon numéro de portable (je n'utilise pas le sien, me contentant de l'interpeller publiquement), mon mail, et nous sommes même "amis facebook". Nous nous sommes rencontrés au salon du livre en 2017 et il fut le premier à me confirmer sa venue à celui de 2018, où il n'est pas venu (voir *Montcuq, troublant*). Naturellement, ce rapport semble être tombé dans une poubelle ! Après l'article départemental, plus aucune trace !

Cette prétendue « *chance pour notre ruralité et pour le Lot* » fut plutôt la démonstration de la faible compétence de notre député. J'ai proposé à monsieur Pradié une interview vidéo également sur cette mission. Il a refusé ! Ce qui témoigne au moins d'un certain mépris pour ce support, étant le seul lotois à avoir développé une chaîne youtube d'audience certes restreinte mais reconnue.

XXXVIII – Limiter la chasse, cette circonstance aggravante et non atténuante

Le 2 décembre 2020, à Calvignac, dans le département du Lot, un homme de 25 ans, Morgan Keane, était assassiné, dans son jardin. J'ai noté le terme d'accident, dans les médias, pour ce tir évalué à 80 – 100 mètres de la victime, par Frédéric Almendros, le procureur de la République.
Le 24 novembre, dans une vidéo adressée à notre Président, au sujet des pesticides déversés à proximité de mes fenêtres, je notais « Y'a aussi des jours chasseurs où il ne faut pas sortir. »
Il me semblerait logique d'interdire toute chasse à portée de fusil d'une habitation. Ce n'est pas le cas. Il me semblerait logique que tout le monde connaisse le jour de chasse mais parfois j'ai l'impression, dans ce département, que c'est chaque jour.

Jean-Claude Bonnemère, rédacteur en chef de la *Vie Quercynoise* titrait « *Le procureur de Cahors explique les circonstances de l'accident de chasse de Calvignac.* » Un accident de chasse ! Alors que la victime coupait du bois sur sa propriété ! La victime ne participait pas à cette battue. La victime n'était pas sur un terrain réservé aux chasseurs. L'homme de 25 ans était chez lui, fut tiré comme un sanglier.

J'ai regardé les textes officiels, ce dont ne semblent pas se soucier nos journalistes. Sous gouv.fr Office national de la chasse et de la faune sauvage (oncfs.gouv.fr)

Rubrique "Armes de chasse et sécurité > Distance de tir à proximité des habitations".

« *Il n'y a pas de distance déterminée de chasse près des habitations, mais, pour des raisons de sécurité publique, une interdiction de tir en direction des habitations, routes, chemins, lieux et aménagements publics.*
Cette interdiction est prescrite localement par un arrêté

préfectoral spécifique consultable en mairie et généralement cité sur l'affiche de l'ouverture et de clôture de la chasse du département.

Dans les communes où une Association communale de chasse agréée (ACCA) est créée, les terrains situés à moins de 150 mètres autour des habitations sont exclus du territoire de chasse de l'ACCA et donc de l'action de chasse de ses adhérents, sauf autorisation préalable du propriétaire du terrain en question.

Un arrêté municipal peut également réglementer les tirs et la chasse sur le territoire de la commune. »

Dans ce département, les chasseurs me semblent rois. Le 5 avril 2001, Gérard Miquel, alors un de nos sénateurs rendait avec un certain Henri Revol, un rapport au Sénat : *« Les effets des métaux lourds sur l'environnement et la santé. »* Avec *« Les déchets dispersés : l'exemple des plombs de chasse »* où l'on note : *« Les chasseurs tirent chaque année de l'ordre de 250 millions de cartouches, tous tirs confondus, soit les trois-quarts pour la chasse et le quart pour le ball-trap.*

On compte 300 billes de plomb par cartouche, pour un poids d'environ 30 grammes, soit 6.000 tonnes de plomb pour les seuls tirs de chasse.

En milieu naturel, une balle de plomb met de 30 à 200 ans pour être désagrégée et dissoute.

En dépit de la masse -6.000 tonnes par an !- la dispersion des tirs en milieu naturel est telle que la chasse ne pose pas de problème, ni sur l'environnement, ni sur la santé de la faune et de l'homme.

A l'exception d'un cas : la chasse au gibier d'eau (canards colvert, sarcelles), pratiquée en France par 200 000 à 300.000 chasseurs. »

Tout va très bien pour les chasseurs, les plombs n'auraient aucune conséquence, jamais ne se propagent dans les nappes phréatiques. Certes, parfois un homme paisible meurt d'une balle perdue. Les médias en causent un peu.

Mais les chasseurs et leur famille représentent un poids électoral qu'aucun parti ne souhaite s'aliéner. Si, La France Harmonieuse.

La peine maximale encourue par ce chasseur serait de trois ans de prison ! Oui, pour un meurtre ! Et en cas de « violation manifestement délibérée d'une obligation de sécurité ou de prudence imposée par la loi ou le règlement », elle passerait à cinq ans de prison ! Quel mépris de la victime.
Il fut un temps, en France, où les assassins du samedi soir, ivres au volant de leur voiture, ne passaient même pas au tribunal. C'était pas de chance pour ceux d'en face.
Au-delà d'une réglementation à revoir, d'une limitation au strict nécessaire de la chasse, porter un fusil doit devenir une circonstance aggravante.
Qu'on arrête d'argumenter sur la nécessité de supprimer une partie du gibier. Certes, sangliers et chevreuils peuvent engendrer de nombreux dégâts. Mais combien de millions de perdrix et de faisans sont chaque année lâchés dans la nature pour être flingués ? Pratique à proscrire, même si des éleveurs râleront sûrement !

XXXIX – Du quantitatif au qualitatif

Oui, la France d'après guerre avait faim, je sais. Il fallait produire. Et jusqu'à un certain niveau, on peut comprendre les choix de productivité. Mais quand la nécessité a cessé ? Comme de croissance économique à épanouissement, nous devons changer de paradigme, du quantitatif au qualitatif.

Des poules pour les œufs, un jardin pour les légumes, un verger pour les fruits, c'est déjà exceptionnel ici et maintenant, même à la campagne. L'idée d'une vache municipale, d'une vache de quartier, comme celle de poules municipales, semble grotesque. Voyons, « nous ne sommes plus au Moyen-Âge. » Des industriels nous fournissent les produits aux normes.

XL – Mondialisation et sagesse

La mondialisation a détruit les îlots de sagesse. Tout en laissant intactes les petites baronnies ! Partout les jeunes grandissent avec des modèles souillés devant les yeux, accolent l'étiquette ringards aux sages. Même aux types de mon genre ! Tout le monde peut accéder à la *réussite* ! Pour les privilégiés, les codes sont transmis. Aux autres une compréhension du "système" : il suffit de réussir quelques arnaques. Le modèle dominant de la mondialisation, c'est celui des arnaqueurs. Et historiquement, on se doit même de noter celle, ancienne, des colonisateurs et leur prétention à apporter « la civilisation », le « progrès », la « technique », tout en emportant les matières premières indispensables à leur fonctionnement, leur croissance.

Petit gâteau et grosse galette

On nous en persuade dès l'enfance
Le monde tourne grâce à la concurrence
Nous devons réaliser des performances
Nous devons suivre leur cadence

On nous abreuve de rengaines
Leur égalité républicaine
L'ascenseur social l'Éducation Nationale
La réussite par le travail

On est des milliards
Autour du minuscule gâteau
On ne peut qu'apercevoir ceux d'en haut
Héritiers et récompensés

Petit gâteau et grosse galette
Car en réalité on nous fait miroiter des miettes
Petit gâteau et grosse galette
Les privilégiés gèrent notre terre derrière notre tête

XLI – Notre maison brûle
Chirac devenu un héros en plagiant Krishnamurti

« *Notre maison brûle et nous regardons ailleurs* » reste la grande citation historique prononcée par Jacques Chirac, ressorti à chaque célébration. C'était le 2 septembre 2002 à Johannesburg, en Afrique du Sud, en ouverture de son discours devant l'assemblée plénière du IVe Sommet de la Terre.

Il réussissait son show et changeait de statut. Il y avait certes urgence, un Président français réélu à 82,21% ne pouvait être l'homme dont une grande partie de la population espérait le passage du palais de l'Élysée à la prison. Jacques Chirac, la grande cause nationale et les journalistes le serviraient au point de réussir ce coup d'état médiatique, cet incroyable renversement de l'histoire : *Jacquot la fripouille* mort au sommet de sa popularité !

Ses premiers mots officiels de ce jour-là ont fait le tour du monde : « *Notre maison brûle et nous regardons ailleurs. La nature, mutilée, surexploitée, ne parvient plus à se reconstituer, et nous refusons de l'admettre. L'humanité souffre. Elle souffre de mal-développement, au Nord comme au Sud, et nous sommes indifférents. La Terre et l'humanité sont en péril, et nous en sommes tous responsables.* »

Une formule ajoutée par Jean-Paul Deléage, physicien, géopolitologue, historien de l'écologie, appelé à donner son avis sur la parade. Cette indiscrétion avait finalement filtré.

Certains l'ont prétendu inspiré de la chanson « *Beds Are Burning* » (1986) de Midnight Oil à cause d'un vers, « *How do we sleep while our beds are burning.* » Traduisible par : *comment dormons-nous pendant que nos lits brûlent.*

Lors de la farandole de la disparition du funambule populaire, Jean-Paul Deléage infirma, sur *France Info*, ajoutant ne pas connaître ce groupe. L'idée, il la prétendait encore venue spontanément, à la relecture du texte…

Personne n'a rapproché cette envolée avec « *Essayer, faire de son mieux, cela n'existe pas. On fait la chose ou on ne la fait pas. Vous voulez du temps pour prendre une résolution lorsque la maison brûle. Elle brûle à cause de la violence dans le monde, et vous dites : « Donnez-moi le temps de trouver l'idéologie la plus propre à éteindre l'incendie. » Lorsque la maison brûle, discutez-vous sur la couleur des cheveux de celui qui apporte de l'eau ? »* Krishnamurti, *Se libérer du connu*, 1969. Son œuvre la plus lue.

Nul n'a remarqué la proximité d'expression ? Une recherche "Chirac Krishnamurti" reste sans véritable réponse. *Libération* avait pourtant, le 9 septembre 2002, décodé la posture chiraquienne (par Christian Losson et Antoine Guiral). Sans être dupe de la déclaration de Pierre-André Wiltzer, ministre délégué à la Coopération et à la Francophonie : « *Ah ! Le chef de l'Etat a plusieurs longueurs d'avance sur les autres. Le développement durable est l'axe majeur de son quinquennat, sa grande affaire, son grand dessein.*»

On regrette l'absence du nom dans leur paragraphe : « *Un ancien ministre du gouvernement Jospin, qui a beaucoup voyagé avec lui ces cinq dernières années, résume : « Chirac est sidéré d'avoir survécu à la dissolution ratée et aux affaires. Il n'a plus d'échéances en France et veut que le monde entier l'aime. D'où sa posture anti-Churchill : il ne dit jamais rien de ferme ; tout est dans le vague, le consensuel, l'altruisme. C'est un numéro de cirque sans aucune portée. Parler ainsi à l'étranger est encore moins dangereux que faire des promesses en France. » »*

En janvier 2019, au Forum économique mondial, Greta Thunberg utilisait une formulation similaire « *Notre maison est en feu. Je veux que vous ressentiez la peur que je ressens chaque jour. Nous n'avons plus que douze ans pour agir. Et on ne fait rien !* » Connaît-elle Chirac ou

Krishamurti ? Ou est-ce également la récitation d'une note pour "la jeune militante suédoise" ?

En avril 2021, Xavier Bertrand, au JDD (Journal Des Démagos ?), ignorant naturellement mon travail, donc sans crainte du ridicule, lançait sa campagne présidentielle, oui il espère être l'alternative, avec : « *La maison brûle et Macron regarde ailleurs.* » Des gros sabots pour essayer de se catapulter héritier ! Qu'ils lisent Krishamurti !

Notre maison brûle, suppure de partout. Le désamiantage du pays est toujours en cours. La dénitratisation, dépesticidation de l'eau, une filiale des pollueurs saura nous la facturer ? Quelques factures du futur.

XLII – La sobriété heureuse, selon Pierre Rabhi

Je n'ai lu qu'un livre de Pierre Rabhi, « *Vers la sobriété heureuse.* » Beau titre, raison de mon choix de découverte mais un contenu tellement dérisoire m'a stoppé dans mon élan. Néanmoins, il m'arrive encore de consulter des passages de ses écrits sur le net. Au-delà des réticences littéraires, son parcours mérite un immense respect. Pierre Rabhi est décédé le 4 décembre 2021 à l'âge de 83 ans. En 2002 il est parvenu à obtenir 184 parrainages d'élus dans la course présidentielle. Un exploit vu d'ici ! *La sobriété heureuse*, quelle belle approche de la vie.
« *Que les désirs se réduisent aux besoins. Le travail des mains aura vite fait d'y pourvoir : alors l'homme se trouvera libre* » écrivait *le pèlerinage aux sources* Lanza del Vasto (1901-1981).

De nombreuses traditions spirituelles voient dans les désirs la cause des souffrances. En continuant à multiplier les désirs, notre époque génère de plus en plus de souffrances, d'insatisfactions, d'incapacité à apprécier « les choses simples. » Sortir du cercle des désirs vous semble impossible ? Les confinements auraient pu servir à la réflexion sur nos vies. La frustration semble avoir prédominé. Comment peut-on se sentir prisonnier chez soi, déboussolé par la fermeture de lieux peu recommandables, bistrots, restaurants, discothèques ?…

XLIII – Macron Pécresse, la génération Bernard Tapie

Bernard Tapie est décédé après un âpre combat contre le cancer. Mais ce n'est pas une raison d'éluder les conséquences de sa prestation humaine durant ses années glorieuses, pas seulement dans la perte de scrupule des prétendus hommes de gauche face à l'attrait du fric. J'avais 20 ans et Bernard Tapie, l'icône, l'homme de la réussite, me semblait… ridicule. Les jeunes devraient être mobiles, avoir plusieurs métiers… Il faudrait vivre où se trouve le travail, donc ne pas hésiter à déménager. Avec l'exemple nippon où déjà les braves pions, selon monsieur Bernard, avaient compris cette nécessité, n'hésitaient pas à changer de région, parcourir 1000 kilomètres… *« Comme tout le monde, je carbure au pouvoir, à la gloire et à l'argent »* Il ajoutait, dans son grand livre manifeste *Gagner « Mais on ne peut en aucun cas s'en contenter. À un certain stade de notoriété, de richesse et de puissance, qui ne cherche pas à se rendre utile à son pays me paraît bien décevant. »* Après et avec le pouvoir économique, devenir un politicard de la République. Soyez utile en cessant d'encourager les jeunes à perdre leur vie en détruisant la planète et leur être !

J'avais déjà l'envie de dénicher un endroit paisible, où je me sentirais bien. Calme, beau et pas cher. Ensuite, pour le travail, on verrait. Oui, sur ce point, on pouvait s'accorder, il me faudrait sûrement multiplier les métiers, me débrouiller ! J'étais pourtant dans "une filière d'avenir", bien orienté en termes administratifs : l'informatique mais la littérature seulement me semblait mériter mon temps.

On trouve toujours un moyen de survivre quand l'endroit convient, alors qu'on est forcément malheureux de se sentir emprisonné dans un décor hostile pour un emploi.

Cette « autre approche » n'avait déjà aucune voix ! Personne dans ces années 1980-1990 pour conseiller aux jeunes de privilégier « la qualité de vie. »

Quand le candidat Emmanuel Macron déclare en 2015 « *Il faut des jeunes Français qui aient envie de devenir milliardaires* », il se place en fils spirituel de Bernard Tapie. Personne pour rétorquer médiatiquement « *vous avez le droit d'être, pas seulement la possibilité d'avoir.* » Valérie Pécresse, dans cette perspective, est également « Macron en pire. »

XLIV – Les vieux de France

Une partie du pays s'est déclarée choquée par Huguette Tiegna, députée du Lot, quand elle a osé en avril 2018 enfoncer le nez de la France dans sa manière de considérer les anciens avec « *en Afrique, les personnes âgées, on ne les met pas dans des EPHAD.* » Certains en profitaient pour dénigrer sa couleur de peau et qualité de récente naturalisée.

Personne dans le microcosme des autorisés à s'exprimer nationalement pour effectuer le rapprochement avec Soeur Emmanuelle, dans ses souvenirs de 2001 "*Richesse de la pauvreté*" : « *En Europe, j'ai visité quantité de maisons de retraite. Leur apparence est souvent luxueuse mais, en définitive, certaines sont bel et bien des mouroirs. Des malheureux y finissent leurs jours dans une grande solitude. Ils sont parfois abandonnés des leurs. Il arrive même que la famille ne paraisse pas à l'enterrement, comme me le confiait la directrice d'un de ces lieux morbides.* » Naturellement, entre temps, Jacques Chirac avait sorti sa baguette magique de salles réfrigérées car il avait découvert qu'en cas de canicule il faisait chaud et les conséquences sur les plus vulnérables.

XLV – Redevance de l'abrutissement et distractions

La grande idée de monsieur Zemmour Eric pour le pouvoir d'achat : la suppression de la redevance de la télévision. Je n'y suis absolument pas favorable. Car il est simple de ne pas payer. Il suffit de dire non à leur entrée chez nous.

L'abrutissement du peuple s'est perfectionné. Le peuple défend les outils qui l'abrutissent. Il paye même cette redevance annuelle pour ce "service."

L'absence de lecture chez les captivés par les écrans relève de l'équation du nombre d'heures laissées par un boulot plus ou moins adoré et des obligations plus ou moins incompressibles. Il me serait difficile de trouver vingt minutes pour leur télé. Des humains sont-ils incapables de tenir sans ce divertissement ?

« Mais les plaisirs des hommes sans travail ont toujours été l'ivrognerie et la débauche. L'État aura beau leur proposer des plaisirs éducatifs, ils préféreront toujours l'ivrognerie et la débauche. » Ce constat de Lanza del Vasto, presque un siècle plus tard, devons-nous toujours le formuler, constater l'incapacité de nos contemporains à structurer leur temps libre ? Peut-être en amendant les dérivatifs, avec distractions et addictions ? La quête du plaisir, donc la soumission aux désirs, me semble relever du conditionnement, une conséquence de la structure mentale dépourvue de spiritualité.

L'auteur franco-italien complétait par *« Mais il est un plaisir plus cher à l'homme sans travail, plus cher que l'ivrognerie et la débauche, celui de crier « A bas » et de mettre le feu partout. »* Avant nos gilets jaunes !

La plus grande partie de l'humanité s'est-elle vidée de toute substance spirituelle ?

Ma pièce de théâtre, non jouée officiellement *« Blaise Pascal serait webmaster »* démarre d'un aphorisme de l'auteur de nos plus célèbres *Pensées*, *« tout le malheur des hommes vient d'une seule chose, qui est de ne savoir pas demeurer en repos, dans une chambre. »* Finalement, les confinements l'ont confirmé ! Dans cette pensée 139 il précisait « *Un homme qui a assez de bien pour vivre, s'il savait demeurer chez soi avec plaisir, n'en sortirait pas pour aller sur la mer ou au siège d'une place (…) ; on ne recherche les conversations et les divertissements des jeux que parce qu'on ne peut demeurer chez soi avec plaisir.* » Le prochain Président célèbrera, le 19 juin 2023, le quatre centième anniversaire du plus célèbre des Auvergnats. Qui pense à le choisir à la hauteur !

XLVI – Des élus victimes de violences

Vous avez compris mon choix, naturel, viscéral, d'une société harmonieuse, donc sans violence. Certaines violences sociales sont-elles pourtant logiques dans une configuration où la parole sage est oubliée des médias installés ?

Sous le titre « *Menaces et vandalisme ciblé* », le lundi 7 décembre 2020 Serge Rigal, président de mon CD 46, dénonçait la montée de la violence. Son intervention est passée inaperçue au-delà d'un cercle restreint. D'autres ont plus d'audience avec des raisonnements similaires.

Le communiqué débutait par « *ces derniers jours, plusieurs élus lotois ont été victimes de menaces, anonymes ou non, ou d'actes de vandalisme ciblés. Des maires ont été visés, dont deux d'entre eux sont également conseillers départementaux.* »

Selon l'ancien socialiste désormais disons Macron Baylet JMVF compatible « *Nous aurions pu penser que le Lot serait épargné par ce type de comportements anti républicains.* »

Puis un paragraphe qualifié d'apocryphe par le chroniqueur : « *J'ai la chance de les côtoyer tout au long de l'année et je veux réaffirmer, ici, combien nos élus, désignés démocratiquement par les électeurs, se donnent sans compter au service du public et pour l'intérêt général. Ils ne cherchent pas la gloire. Leur seule intention, profonde, est de servir leur territoire.* »

Des élus du département ont démontré ne pas se situer dans l'intérêt général, monsieur Rigal en personne, au salon du livre de Montcuq-en-Quercy-Blanc, a constaté l'animosité manifeste de madame Maryse Maury à mon égard.

Ont-ils été élus démocratiquement ? C'est une question essentielle, d'ailleurs observons le verbe rigalien « *désignés démocratiquement par les électeurs.* » On peut le considérer pour éviter une lourdeur « *nos élus, élus démocratiquement.* » Monsieur Rigal aurait néanmoins pu trouver une autre tournure même avec un bagage littéraire semblant léger. Peut-on encore parler d'élections départementales démocratiques ? Pour moi, non. En passant d'un candidat à un groupe de quatre, le législateur a ajouté une difficulté à l'historique dialogue sur un petit territoire. Qui plus est dans un département comme le 46 où l'on peut douter de l'impartialité du seul quotidien, tenu par Jean-Michel Baylet également d'un parti de la majorité départementale.

Le paragraphe suivant se limitait à une phrase également contestable dans ses derniers mots « *Je fais confiance à la Justice pour faire preuve de la plus grande fermeté envers ces ennemis de la démocratie.* »

J'ignore le nom des victimes et des coupables, ne peux donc écarter l'hypothèse d'affaires purement privées.

Qui sont les ennemis de la démocratie ? Ne seraient-ils pas plutôt chez ceux qui cadenassent la représentativité en limitant au maximum l'accès aux élections, en se fabriquant des opposants peu crédibles ? Ainsi dans notre département, toutes mes interviews dans *la Vie Quercynoise* ont été remarquées. Est-ce la raison principale pour laquelle la porte de ce quotidien m'est de nouveau fermée, m'aura été entr'ouverte uniquement durant une courte période, 2014 – 2018, soit, sûrement l'effet du hasard, la période de flottement après le décès de Daniel Maury jusqu'à la reprise en main effective par son cousin allié, de fait, à sa veuve, de la petite Maurytanie (néologisme créé en 2006 pour désigner le canton, trouvaille explicite apparemment non digérée par le clan) ?

La suite pourrait faire sourire « *Je fais aussi confiance à l'Education nationale, dans sa mission d'éducation civique, pour donner du sens et sensibiliser nos enfants aux valeurs fondamentales de la République, indispensables pour qu'une société puisse vivre harmonieusement.* » L'Éducation Nationale forme des pions pour l'économie !

Emmanuel Macron, après sa gifle du 8 juin 2021

utiliserait la même approche : « *En République, il y a la liberté d'expression, de controverse, la liberté de vote, et le pluralisme démocratique qui fait qu'on peut se séparer des gens à qui on donne mandat de manière régulière et qui votent les lois pour vous.*
La contrepartie de ça, c'est qu'il ne peut pas y avoir de violence, de haine, ni dans le discours ni dans les actes. Sinon c'est la démocratie elle-même qui est menacée. »

XLVII – Ne plus voter s'impose, à chaque élection

Je ne voterai pas les 10 et 24 avril 2022. Au 16 février 2022, à mi parcours du parrainage, débuté le 27 janvier et se terminant par la réception du vendredi 4 mars au Conseil constitutionnel, on peut encore espérer la non qualification de MÉLENCHON Jean-Luc à 332, LE PEN Marine à 331, ZEMMOUR Éric à 250, ASSELINEAU François à 210, POUTOU Philippe à 188, KAZIB Anasse à 116, TAUBIRA Christiane à 73.

Pour PÉCRESSE Valérie avec 1824, MACRON Emmanuel 1260, HIDALGO Anne 1007, ARTHAUD Nathalie 509, c'est fait.
Et sur la bonne voie pour ROUSSEL Fabien 492, LASSALLE Jean 471, JADOT Yannick 450.
8076 parrainages publiés. Alors qu'en 2017, 14296 furent validés. Nous sommes bien, peu importe la manière d'observer, à mi parcours.
L'absence de *ténors* permettrait peut-être une prise de conscience du fonctionnement de notre prétendue démocratie. *La République c'était les ténors* pourrait être parodié le chanteur du nord, Pierre Bachelet.

Une suite logique, finalement. Un peu de notre Histoire. Municipales 2020. Avec des premières dans les communes nouvelles. Tous les notables ont compris le grand avantage : quand existe le "droit de barrer", avant à partir de 3500 habitants, depuis la très mauvaise loi du 17 mai 2013, dès 1000 habitants, la sanction du mépris se traduit dans les urnes. Se regrouper, c'est presque toujours dépasser la barre fatidique et une obligation de liste complète pour se présenter.
Ainsi dans ces "petites" communes rurales, avec intimidations et mensonges, il est facile pour l'installé d'être l'unique tête de liste. Je l'ai constaté et subi à Montcuq-en-Quercy-Blanc, 1341 électeurs, obligation de listes de 23 candidats (state supérieure, cause commune

nouvelle) et au final, le cousin de feu l'ancien baron local, Alain Lalabarde, sans opposition, sacré par 472 voix.

Départementales et régionales 2021. La réforme de 2015 a porté ses fruits, les élections départementales sont désormais quasiment, comme les régionales, confisquées par les partis. Ils avaient agrandi les cantons, donc plus de frais à prévoir. Et d'un candidat, après être passé au remplaçant obligatoire, il faut désormais être quatre.
Les départements sont trop précieux pour laisser un seul siège échapper aux partis. 4056 pour des petits notables, qui naturellement en 2022 parrainent un candidat de ce microcosme.
Dans le département du Lot, à Martel et Lacapelle-Marival : un seul binôme. Mais avec un peu d'attention on peut également découvrir des cantons où la majorité départementale PS-PRG est opposée à un binôme communiste. Quand on sait que dans ce département une communiste est tête de liste de la majorité régionale PS-PRG-communistes, ces candidatures communistes semblent bien destinées à faire croire à une opposition. 7894 binômes pour 2028 cantons, soit 15% de moins qu'en 2015. Les neuneus de la chronique se demandent si cela signifie un désintérêt des françaises et des français ou un effet secondaire du coronavirus.
En 2015 déjà, les installés étaient fiers de leur manœuvre : *« Exit donc les alternatifs, les farfelus, les candidatures de témoignage et autres groupuscules qui se servaient des élections cantonales comme d'une tribune. »* Ainsi résumait leur Dépêche du Midi sous la plume de Sébastien Marti. Pour son Tarn-et-Garonne, le 18 février 2015, Alain Baute, sans état d'âme apparent, s'affichait à la botte de son patron : *« C'est quand les repères se brouillent que l'on s'accroche à son vécu... Le nouveau périmètre des cantons, le renouvellement de la moitié des conseillers généraux actuels par l'arrivée de 15 dames, et souvent le nombre important d'équipes au départ, constituent autant d'arguments pour étayer la fameuse*

prime aux conseillers généraux sortants, forts d'un excellent bilan en bandoulière. Ensemble, dans une rare unanimité, ils ont voté les budgets pour appliquer les politiques voulues afin de développer le département, aujourd'hui devenu un des plus attractifs du pays. Ensemble, dans une fraternité dépassant les clivages politiques, ils ont partagé la vision de leur président, pour un équilibre entre les territoires ruraux et les secteurs urbains, toujours soucieux de placer l'humain au centre de leurs décisions. »

Parmi les réformes rapides et indispensables, dont l'une des conséquences sera la réduction du coût de fonctionnement de notre République, la plus rapide consiste à en finir avec les binômes des cantons aux élections départementales. Je l'avais proposé pour 2021 dans une chronique forcément ignorée, invisible.

Le binôme fut imposé lors du redécoupage des cantons en 2014, un binôme femme homme. Ils auraient pu décréter un binôme vieux / jeune, hétéro / homo, brun / blond… Avec la justification morale de féminiser les rangs. Mais une féminisation de ce genre n'a rien apporté à la vie publique, c'est de compétences, donc de diversités, donc d'élections vraiment libres dont a besoin notre pays, à tous les niveaux.
Et non d'arrangements avec des femmes et des hommes qui se ressemblent. De l'intelligence et non des clones soumis au niveau supérieur en espérant un jour y accéder. Quelle différence, par exemple, entre la nouvelle et l'ancien sur mon canton agrandi de Luzech, Maryse Maury conseillère départementale, veuve de Daniel Maury ancien conseiller général du canton de Montcuq ? Dans ce genre de format, une femme ou un homme, c'est le plus souvent bonnet blanc, blanc bonnet.

Ces binômes constituent un peu le triomphe de 2028 serpents à 2 têtes de la mythologie, où madame et monsieur dévorent la démocratie. On le sait, les femmes peuvent être aussi incompétentes et aussi claniques que les hommes. La compétence est rare dans un système où il faut d'abord se faire une place dans un parti pour être désigné lors d'élections où des machines bien rodées sont devenues nécessaires avec le soutien des médias, même ceux prétendus indépendants.

En finir avec les binômes ne résoudra pas d'un coup de baguette magique la confiscation de la vie démocratique par des partis, mais au moins on divise par deux le nombre des élus dans chaque département. 4056. 2028. Oui notre pays rémunère 4056 conseillers départementaux. Et ces élus siégeront également à la Région. On supprime donc les élections régionales, les 1758 conseillers régionaux. Car soyons réalistes, à part pour la tête de gondole du département ou de la région, ça ne semble pas un travail à plein temps !

Combien parmi les élus régionaux et départementaux, de moins de 62 ans, conservent une activité professionnelle annexe ? Il serait intéressant d'étudier ce phénomène. Quant au gain pour la nation, on passe de 5814 à 2028 élus. Soit 3786 indemnités regagnées, d'une moyenne mensuelle d'environ 2000 euros, 90 millions d'euros annuels, plus notes de frais. Nos vaillants statisticiens et politologues ne manqueront pas de vous fournir le chiffre exact du coût pour la nation…

XLVIII –Livraisons, l'égalité nationale

De nombreuses enseignes, sur internet, nous encouragent à profiter de la livraison gratuite en points relais… Mais à la campagne cette gratuité signifie se déplacer loin de chez nous. Ainsi s'installe la livraison en ville gratuite et chère pour les ruraux. Par la Poste ou autres.
L'association des maires de France, et des élus LREM, veulent même taxer d'un euro chaque achat effectué sur Internet et livré à domicile ! Ces commandes livrées en points relais seraient exonérées... car elles apportent un revenu aux commerçants ! Ils osent l'expression "fiscalité locale commerciale équitable" ! Que les ruraux payent pour les commerces citadins ! En plus des parkings !

XLIX – Emmanuel Macron a prétendu combattre un système politique devenu le principal obstacle à la transformation de notre pays !

Le Macron 2022 ne semble pas décidé à répéter ses vieux propos. « *J'ai pu mesurer ces derniers mois ce qu'il en coûte de refuser les règles obsolètes et claniques d'un système politique qui est devenu le principal obstacle à la transformation de notre pays. Ce système, je le refuse.* » Emmanuel Macron a mis en exergue cette phrase après l'avoir prononcée le 16 novembre 2016 à Bobigny lors de l'annonce officielle de sa candidature 2017. Vous m'imaginez, balancer ces mots ! Quel tollé dans le département du Lot où l'on n'aurait pas manqué de m'accuser de provoquer Malvy, Miquel, Maury et leurs descendances. Ils m'auraient encore traité de *fou furieux* les amis du Bonnemère ! D'ailleurs leur dépêche n'en aurait pas causé.

Je peux également reprendre, du même jour : « *L'enjeu n'est pas pour moi de rassembler la gauche, ou de rassembler la droite. L'enjeu est de rassembler les Français.* » Oui, c'est banal. Mais Macron l'a dit ! "Les françaises et les français" aurait témoigné d'une verve supérieure...

L – J'ai mauvaise réputation dans le 46 !

Au village, sans prétention, j'ai mauvaise réputation, j'avais fredonné. J'ai d'ailleurs osé refuser une enveloppe au notaire en 1996 ! Il subissait tellement de frais pour faire visiter et contrairement aux agences ne pouvait les facturer. Alors vous comprenez ! C'est peut-être l'origine de ma mise à l'index, si le fait de ne pas être né ici ne suffisait pas.

Ensuite, il y eut le maire. « *Le conseil décide de continuer à entretenir le réseau mais de mettre en attente la poursuite de la démarche "Périmètre de protection".*
Après divers contacts avec les différents services concernés le maire a acquis la conviction que cette démarche très lourde administrativement n'était pas adaptée à de petits réseaux communaux comme les nôtres. L'objectif sera de continuer à servir une eau de qualité, aux meilleures conditions, tant que cela sera possible. »
C'était le 7 juin 2002, dans le compte-rendu du Conseil Municipal d'une commune disparue en 2016, fusionnée pour former Montcuq-en-Quercy-Blanc. J'avais traduit : nous avons décidé de continuer à polluer car le maire, vivant du commerce des céréales des agriculteurs, ne va quand même pas leur interdire de répandre des pesticides au pied de la source.
Par décret du Président de la République, du 13 juillet 2006, ce monsieur accéda au grade de chevalier de la Légion d'honneur. Peut-être effet médaille, dans le compte-rendu du conseil municipal du 8 novembre 2006 :
« *Monsieur le Maire rappelle au conseil municipal que la qualité de l'eau constitue un enjeu majeur de santé des populations, et que la mise en place de périmètres de protection autour des points de prélèvements destinés à la consommation humaine constitue un outil réglementaire efficace de prévention des risques pour la santé publique.* »
Je vous parle de Michel Castagné, alors considéré ami de

Daniel Maury, et il rappelait sûrement l'avoir déclaré en 2002 ! Je fus naturellement le seul à effectuer le rapprochement. Le manque de mémoire est conseillé dans le Quercy. Au village, sans prétention, j'ai mauvaise réputation, j'avais ainsi fredonné.

En 2006, le néologisme « la Petite Maurytaunie » fut compris par tous et la veuve de Daniel Maury, alors l'homme fort du canton, ne semble pas décidée à m'accorder son parrainage de Conseillère Départementale ni son cousin celui de maire de Montcuq-*encubé*. Voir *Montcuq troublant,* l'essai 2021 pour les détails de ces historiettes.

En 2008, le maire médaillé s'est discrètement éclipsé, il a même cessé son commerce tout en semblant conserver un pied-à-terre rural. Son successeur, sûrement dans une attitude, "voici la situation trouvée", avait communiqué des chiffres, les premiers, les derniers. Pour les nitrates, nous flirtions avec "la norme", 50 mg/l, généreuse avec les pollueurs : moyenne de 49,18 mg/l avec un maximum à 58,40 mg/l. Naturellement, la Saur a récupéré le réseau.

En 1998, le conseil municipal, celui du maire futur médaillé, notait : « *Services des eaux. A ce jour les résultats des analyses sont satisfaisants.* » Quand les notables sont satisfaits, l'eau peut couler sous les ponts ?

J'ai souvent repris l'analyse de Pascal Serre dans *Dire Lot* en 2004, dont l'édito titré « *les clans ont la vie dure* » et son « *Le fameux clientélisme lotois* » puis le passage d'un reportage où il semblait croire en une véritable rupture grâce à Gérard Miquel : « *ce que l'on a nommé le faurisme* [Maurice Faure baron]*, établi sur les faiblesses géographiques et démographiques du Lot, constitué par un clientélisme qui faisait dire que   'tous ont mangé dans la main du César républicain. '* » [Comme quoi, il est plus facile de résumer le passé, même si peu l'osent, que de pronostiquer l'avenir.]

Parfois je complète avec une perle de Martin Malvy, dans ses *Mémoires d'un Martin* (résumé, le titre est plus long et ne contient pas ces termes) : « *ceux qui accusent les autres de clientélisme sont souvent ceux qui n'ont pas réussi à être élus ou réélus. Faire de la politique, c'est être à l'écoute et, par définition, chercher à rendre service.* »

Mais en 2016, après la fusion *absorption* par Montcuq, il leur fut difficile d'immédiatement s'opposer à mon projet de salon du livre, qui plus est soutenu par Mme Catherine Ferrier, préfète du Lot, avec qui, oh exception dans ce corps de nos institutions, les relations fut respectueuses, humaines, cordiales. Alors Jean-Claude Bonnemère de la *Vie Quercynoise*, le rédacteur en chef, a essayé de s'adapter à la nouvelle situation tout en misant sur un titre retentissant "*le « miracle » de Montcuq avec le maire, l'écrivain et la préfète*".

Je n'avais alors jamais entendu les insanités auxquelles il se référa dans un paragraphe qui se voulait peut-être une tentative de rendre public l'opinion de sommités : « *Stéphane Ternoise ! à lui seul, son nom faisait de lui un banni de la société.*

Pour autant, derrière ce « fou furieux », comme le désignaient certains, s'est révélé un autre homme, qui allait surprendre.

Stéphane Ternoise a fait du Quercy Blanc sa terre d'élection et cet attachement au pays, qu'il professe depuis plus de 20 ans, ne peut laisser indifférent : un autre homme, en somme ! »

J'aurais pu lui conseiller la lecture de Thomas Merton *Le nouvel homme*.

En utilisant un facile "on" et sans avoir eu depuis le courage ni la décence de fournir les noms de ses connaissances ayant tenu d'immondes propos à mon égard. Ces notables ignoraient sûrement utiliser la même expression qu'Adolphe Thiers, le monarchiste, pour fustiger *notre* Léon Gambetta « *père fondateur de la IIIe République* », icône lotoise, né le 2 avril 1838 à Cahors. On peut reprendre l'analyse de Malcolm X « *Si vous n'êtes pas vigilants, les journaux arriveront à vous faire détester les opprimés et aimer ceux qui les oppriment.* » N'en serions-nous pas là dans le département du Lot avec la bonne du maire ? En 2020, la disparition d'Annie Cordy m'a entraîné à parodier sa *bonne du curé,* une impertinence dédiée aux journalistes couchés

La bonne du maire

J'aimerais l'faire mais j'peux guère
C'est pas impératif d'être objectif
Quand on est bonne du maire
C'est plus facile d'avoir du style
Que d'écrire la vérité
Entre la pub et les invitations
Z'ont les leviers pour nous manipuler
La vie est dure dans nos rédactions...

Mais quand l'président parle de la presse objective
Ça nous irrite, ça nous agite, on sait notre dérive
Accompagner les installés
Salir l'intégrité
Dieu me pardonne je dois parfois censurer…

On peut dire que ces réactions n'arrangent pas mes relations avec les notables. Après s'être fait taper sur les doigts « l'homme seul » devrait savoir tenir son rang, s'agenouiller, se coucher, raser les murs, pourquoi pas se suicider ?

Les confinements et la distanciation sociale m'ont également permis de ne plus avoir à croiser ces gens-là, d'écrire dans ma vallée, et balancer. Certes sans réception du grand public auquel les intermédiaires du genre Bonnemère restent indispensables. C'est quand l'Internet pour tous ? Ah oui, Internet, c'est fini, l'oligarchie a gagné, et la loi des hiérarchies s'est incrustée dans la République.

105

LI – PNB ou Bonheur National ?

Il existe un Observatoire du Bonheur en France ! « *Créé en 2010 à l'initiative de Coca-Cola France, l'Observatoire du Bonheur est une structure dédiée à l'analyse et à la compréhension des multiples représentations du bonheur.* »

Coca-Cola oui ! Au slogan « *Ouvre un Coca-Cola, ouvre du bonheur.* » Peu importe le breuvage pourvu qu'au moins un peu d'attention à la qualité de vie soit observée ?

En 2015 son étude « *bonheur et urbanisme* » note la ville dans laquelle mes concitoyens aimeraient vivre « dans l'idéal » : 19% à Bordeaux, 15% Montpellier 12% Toulouse et Nantes...

J'avais surtout remarqué : « *80% des Français qui vivent dans un centre urbain en sont heureux, mais 57% préféreraient vivre à la campagne.* » Donnée à relativiser : en même temps ils ne souhaitent pas déménager dans une cité plus petite ! La ville à la campagne ? Un quartier résidentiel ?

« *Les citoyens de 2015 veulent des commerces, des transports, des activités culturelles... et un potager sur leur toit. Ils ne sont pas prêts à partir faire du télétravail en Ardèche !* » résumait Jean-Pierre Ternaux.

65% de mes contemporains souhaitaient vivre à la campagne en 2017... Depuis la vague des confinements le chiffre peut avoir augmenté. Je ne peux pas écrire "vivre comme moi" ! Mais s'ils le souhaitaient vraiment, ils y vivraient ! Naturellement, pour les ruraux, ce serait une autre catastrophe, ces ex-citadins pourraient même essayer de se débarrasser de nos coqs coupables de chanter trop tôt. J'ai publié « *les villages doivent disparaître !* »

LII – Eau de pluie, eau potable…

L'eau prétendue potable, l'est-elle vraiment, partout ? Pourquoi tant de milliards de bouteilles en plastique en France ? La question de l'eau est bien une priorité. Mondiale.

L'utilisation de l'eau potable dans les toilettes constitue une indécence majeure. Toute nouvelle construction devrait intégrer un système de récupération de l'eau de pluie. L'eau des douches pourrait également être dirigée vers les toilettes.

Les petites solutions existent. Puisque nous achetons des bouteilles en plastique, autant les conserver et les remplir d'eau de pluie, pour les jardins et jardinières. Je récupère également les bouteilles de cinq, six ou huit litres, elles sont les plus pratiques.

Quant à l'eau chaude, non je ne vais pas la réinventer, laissant ce privilège à monsieur Pradié Aurélien (qui se conjugue au participe passé dans le 46) mais quelle partie de l'eau chauffée refroidit tout simplement ? Oui, chauffer moins notre eau, par exemple avec un programmateur ou une intervention manuelle au disjoncteur, permet une économie d'électricité dont madame Tiegna vous communiquera l'ordre, peut-être.

LIII – Je n'ai pas embrassé les fesses
du diable du pont Valentré

Je posais la question « me faudrait-il embrasser les fesses du diable du pont Valentré pour obtenir une présence médiatique ? »
Je n'ai même pas tournée une vidéo simulant cette escalade. Et suis resté l'invisible, même si madame Roche a fini par découvrir ma vidéo, sûrement lors d'une requête sur son nom !

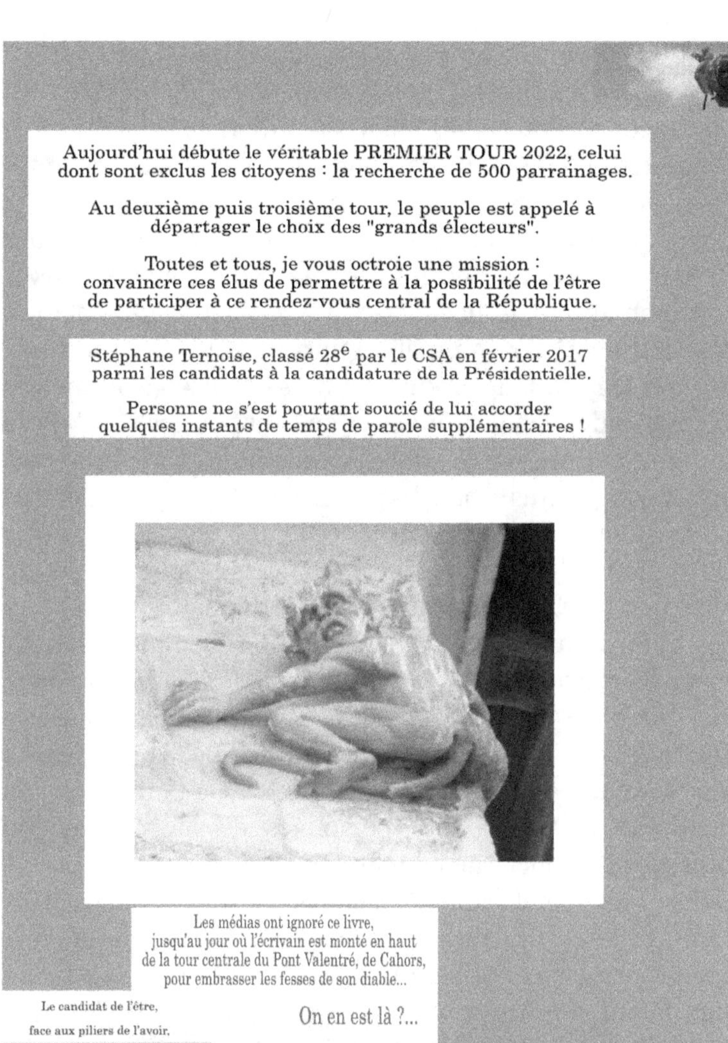

Recto du livre non publié chez Bolloré ni Lagardère. Ni Vincent Montagne, de la famille Michelin, président du SNE, Syndicat national de l'Edition depuis 2012. "Média Participations", sa structure, a racheté La Martinière en 2018, donc *le Seuil,* éditeur Mélenchon 2022, et d'Adrien Quatennens pour *"Génération Mélenchon".* Ou pognon.

LIV – Covid et cancer en Macronie

Le cancer en France, 400 morts par jour... et que fait-on ? Combien de députés devront mourir du cancer pour qu'enfin des lois s'attaquent vraiment aux causes ? Les données officielles classent le tabac en premier facteur de risque, à l'origine de 19,8% des cancers. Puis la consommation d'alcool (8%) ; une alimentation déséquilibrée, consommation insuffisante de fibres, de fruits et légumes, de produits laitiers et une consommation excessive de viandes rouges et de charcuteries (5,4%) ; le surpoids et l'obésité (5,4%) ; l'exposition à certains agents infectieux, virus ou bactéries (4%) ; expositions professionnelles à des substances cancérigènes (3,6%) ; les radiations ionisantes (1,8%) ; le manque d'activité physique (0,9%) ; les traitements hormonaux (0,6%) ; ne pas avoir allaité (0,5%) ; la pollution de l'air extérieur (avec les particules fines) à seulement 0,4%. Vous voyez bien que vous êtes responsables ! Sauf que même dans ces données, le cumul n'arrive qu'à 50,4%. Le reste proviendrait de l'inévitable, du génétique, de la vieillesse !? Aucune des personnes de mon entourage décédées du cancer ne connaissait la cause.

Dans ses mémoires, Jacques Chirac, dans les commentaires des pages photos où il s'exprime attablé devant une affiche « Institut Curie Plan Cancer » note un significatif « *L'honneur de la politique, c'est d'essayer d'améliorer le quotidien de celles et ceux qui souffrent. C'est tout le sens du Plan cancer que j'ai initié en 2002 : mobiliser tous les acteurs de la prévention, du dépistage, de la recherche et des soins pour vaincre la maladie.* » C'est bien tout le déshonneur de la politique, de s'agiter pour coller des rustines aux conséquences sans s'attaquer aux causes. Vingt ans plus tard, nous en sommes toujours là. Covid fut naturellement une bonne agitation pour masquer des choix de société.

Ma première vidéo sur le covid date du 25 janvier 2020,

elle dénonçait le comportement d'Agnès Buzyn, l'absence de contrôles aux aéroports logiquement ponctuée par les premiers cas de coronavirus en France.

Le 12 février, 2020, sûrement très fier de pouvoir arborer son titre de député de l'année, obtenu la veille par un jury peu représentatif de l'opinion publique, Aurélien Pradié faisait visiter l'Assemblée Nationale à des élèves du collège d'Istrie de Prayssac et de l'Unité scolaire d'inclusion de Vire Sur Lot.

LV – Notre siècle religieux spirituel ou mystique ?

« *Le XXIe siècle sera religieux ou ne sera pas.* » J'avais, dans ma jeunesse, cherché le contexte de cet aphorisme. Ni *"La condition humaine"* (1933), ni *"L'espoir"* (1937)…
Il s'agit d'une parole attribuée à André Malraux. Avec le doute religieux ou spirituel. Notre premier ministre "de la Culture", aurait même récusé cet aphorisme. Dans une interview publiée dans *Le Point* en novembre 1975, réalisée par Pierre Desgraupes, il déclarait « *On m'a fait dire : « Le XXIe siècle sera religieux. » Je n'ai jamais dit cela, bien entendu, car je n'en sais rien. Ce que je dis est plus incertain : je n'exclus pas la possibilité d'un événement spirituel à l'échelle planétaire.* »
Dans « *les Cahiers de Malraux* », publiés en 1982 aux éditions de l'Herne, figure un échange avec Tadao Takemoto, son traducteur japonais : « *Si le prochain siècle devait connaître une révolution spirituelle, ce que je considère comme parfaitement possible, je crois que cette spiritualité relèverait du domaine de ce que nous pressentons aujourd'hui sans le connaître, comme le XVIIIe siècle a pressenti l'électricité grâce au paratonnerre. Alors qu'est-ce que pourrait donner un nouveau fait spirituel (disons si vous voulez : religieux, mais j'aime mieux le mot spirituel) vraiment considérable ? Il se passerait évidemment ce qui s'est passé avec la science.* »
Pensait-il à une spiritualité où la frontière entre l'humanité et les "morts", les sans-corps, se fissurerait ? Où l'humain par la méditation accéderait à certaines zones de contacts, préserverait des liens de connexions ?

Quant à André Frossard, un essayiste classé catholique, dont l'affirmation proviendrait de « *cinq ou six conversations privées avec Malraux, toutes centrées sur la religion* » : « *Je suis tout à fait sûr d'avoir été le premier à recueillir sa fameuse formule sur le XXIe siècle,* que l'on déforme aussi souvent qu'on la cite. Il ne dit pas : "Le XXIe siècle sera religieux ou ne sera pas ", mais "Le XXIe siècle sera mystique ou ne sera pas", ce qui n'est pas tout à fait la même chose. » Religieux, spirituel ou mystique ? Mais qui connaît encore la différence ?

On devrait rapprocher ce propos d'une phrase publiée par André Malraux dans "*Les chênes qu'on abat*" (1971) où le 11 décembre 1969, à Colombey-les-Deux-Églises, le général de Gaulle lui répondait « *il y a quelque chose qui ne peut durer : l'irresponsabilité de l'intelligence. Ou bien elle cessera, ou bien la civilisation occidentale cessera.* » Désolé, le candidat des Républicains l'avait peut-être remarquée et s'apprêtait à vous déclamer sa découverte !

Je propose pour clore leur débat : « *Le XXIe siècle sera écologique ou nous ne serons plus.* » Ou « *Le XXIe siècle sera digne ou nous ne serons plus.* » Mais aussi « *Le XXIe siècle sera sage ou nous ne serons plus.* » Nous ne serons plus, au moins dans cette diversité en milliards d'unités.

LVI – Liberté d'expression, pour qui ?

La liberté d'expression serait-ce la liberté de s'exprimer pour les autorisés par les puissants ? Il ne s'agit même plus d'idées mais de personnes.

Le 27 mai 2020, notre Aurélien Pradié à l'Assemblée Nationale : « *Depuis toujours, nous avons défendu la liberté. Notre liberté. Réjouissons-nous. Adulons ce gouvernement qui nous veut que du bien. Françaises, Français, abandonnez vos libertés. C'est pour votre bien...* » Le lendemain monsieur proclamait « *Plus ce Gouvernement est incapable d'assurer ses missions essentielles, fournir des masques, des tests, plus il s'attaque aux libertés des citoyens. C'est au coeur des crises qu'il faut veiller fermement à nos grands principes. La liberté est un grand principe.* »

Comme en 1986 Jacques Chirac avait magistralement arrêté le nuage de Tchernobyl à la frontière allemande et en 2003 constaté la chaleur excessive durant la canicule, en 2021 l'autoproclamé héritier Pradié arrêtait la liberté d'expression aux *Républicains* (quelle belle usurpation de terme) faute de pouvoir stopper madame covid.

Alors en venant, le 14 août 2016, déclarer « *C'est ça la France, c'est la liberté d'expression, de pensée... C'est une magnifique démarche citoyenne ; en tant que représentant de l'État, je dis que le livre est indispensable... Battons-nous pour cette liberté d'expression,* (et se tournant ostensiblement vers l'auteur organisateur) *continuez d'aller de l'avant, je vous soutiendrai avec mes moyens modestes...* », Catherine Ferrier, Préfète du Lot à Montcuq-en-Quercy-Blanc, a franchi la ligne jaune du Quercynocentrisme. À nos côtés sur scène, Marc Gastal, élu du canton, colistier de madame veuve Daniel Maury, Alain Lalabarde, dit Blablabarde, le maire, son cousin. Cela ne pouvait pas durer ! Ce trouble à l'ordre Maurytanien devait cesser ! Ils sont même parvenus à dégommer le seul salon du livre lotois dont l'audience dépassait les limites du département, et même de la région... Sans réaction des "grands" élus j'étais même accusé en Conseil Municipal de « *propos injurieux* », mensonge censé justifier l'arrêt de la subvention au salon du livre, son arrêt.

Grâce à l'intimidation, le clan obtenait une élection municipale 2020 en liste unique, 100% des suffrages exprimés, 472 bulletins, soit 35% des inscrits. #DictatureRurale est resté invisible. Modèle de gestion d'une commune nouvelle, avec le soutien manifeste du nouveau Préfet Michel Prosic. (voir toujours *Montcuq, troublant*)

Liberté d'expression et soumission

Au parlement comme à la télévision
Monsieur parle en homme de convictions
Il défend la liberté d'expression

Mais dans sa circonscription
Toute réflexion doit être une citation
Toute action une soumission

Qui n'est pas soumis est un ennemi
De cette société sera banni
Tout le monde obéit quand le député a dit

Je vous épargne son nom même son prénom
Il n'est sûrement pas l'unique tartempion
Contaminé par le virus du petit-baron

Tous tous pour la liberté d'expression
À condition qu'elle évite leurs ambitions
Qu'elle épargne leurs communications

Ils sont tous pour la liberté d'expression
Et en même temps exigent notre soumission
Qui osera leur fredonner cette chanson ?

Qui n'est pas soumis est un ennemi
De cette société sera banni
Tout le monde obéit quand le député a dit

LVII – Même l'humour des poêles de Montcuq
n'a pas réveillé la France ni brisé la censure

Les poêles de Montcuq sont de sortie ! À Montcuq, place des consuls, les poêles de Montcuq retentissent devant la mairie. 2019, année des poêles ? C'était le 9 janvier 2019, une vidéo, et naturellement j'étais seul !

Le 22 janvier 2021 j'ai essayé de donner une deuxième chance à ce concept des "poêles de Montcuq". Quand l'humour cherche la République et dénonce les pratiques indignes, une manière de préparer la sortie de l'essai « *Montcuq, troublant.* »

L'absence de réactions confirme l'état de notre société : une grande partie de la population n'a aucune chance d'être entendue. Même par l'humour. Imaginez si un "grand humoriste youtubeur" réalisait cette "performance", des millions de vues l'auraient déjà récompensé. Mais il s'agirait d'un concept et non d'une réalité. Nos grands artistes défendent la liberté d'expression et restent "au-dessus" du cas concret. En vivant ma déontologie, et non en jonglant avec des idées pour finalement me coucher devant les nains locaux et leurs sous-clones, je suis entré dans une « zone grise » où les installés bloquent mes créations en ne les répercutant pas. Ils ratent même ma candidature présidentielle ! Certes, « quelques anonymes » les partagent parfois mais c'est dans un cercle restreint de sous-citoyens. Si tous les sous-concitoyens du monde comprenaient ce mécanisme, naturellement ils parviendraient à déjouer la manipulation de l'information mais 99% se contentent de suivre le mouvement, réagir par l'émotion, naturellement générée par de puissants médias dont la préoccupation majeure se limite à perdurer, d'où la nécessité de naviguer « du bon côté », celui des puissants, peu importe leur idéologie.

Avec ces « poêles de Montcuq », je tentais, une nouvelle fois par l'humour, de passer entre les mailles du filet. Car parfois, même dans une société contrôlée comme la nôtre, un OVNI peut surprendre. Toute création indépendante est d'ailleurs devenue cela, une tentative de passer entre les mailles du filet. Nous en sommes là.

Alors, exporter sur le territoire ce concept ? Le jour où toutes les poêles de France retentiront devant les préfectures, conseils régionaux, départementaux, mairies… les pommiers auront des poires ?... et les ampoules auront des écrans.

LVIII – L'insoumission, en payer le prix

L'insoumission existe toujours, finalement, à condition d'en payer le prix, et de ne surtout pas se formaliser de l'isolement, propice d'ailleurs à l'étude. Ce ne sera peut-être bientôt plus possible…
Le mélenchonage étant une autre forme de soumission, j'ai senti chez les "insoumis officiels" une certaine difficulté avec ce texte. Les plus lucides ne peuvent contester sa pertinence. Le mieux était donc de discrètement le rendre invisible…

Les insoumis ne sont d'aucun parti

Les insoumis ne sont d'aucun parti
Ne défilent sous aucune banderole
Ils ne sont pas de ceux qu'on enrôle
Des discours des raccourcis se méfient

Ils disent NON aux embrigadements
Ils disent OUI à chaque seconde de la vie
Ils ont appris à décoder les écrits
Des médias dits d'accompagnement

Époque de soumissions
Chaque agenouillé
veut son troupeau d'inféodés
République toujours hiérarchique
Du pouvoir et du fric
Des idées en toc des stocks de communications
Marginalisation de toute réflexion
Intellectuels à la poubelle

On sent désormais une confusion
Quand on avoue "je suis un insoumis"
Des opportunistes les ont suivis
Peu importe l'étiquette pour des ambitions

Quand les politiques s'approprient des mots
Ils en modifient toujours le contenu
Voyez Républicains devenu
On ne les a jamais vus les rendre plus beaux

Époque de soumissions
Chaque agenouillé
veut son troupeau d'inféodés
République toujours hiérarchique
Du pouvoir et du fric
Des idées en toc des stocks de communications
Marginalisation de toute réflexion
Intellectuels à la poubelle

Liberté égalité fraternité
Quand on la veut ainsi la République
L'insoumission on la revendique
Et on ne voit personne pour qui voter

Les insoumis rejettent toute écurie
Les insoumis s'éloignent des banderoles
Les insoumis jamais on ne les enrôle
Les insoumis des politiques se méfient

Époque de soumissions...

LIX – Représentation de la hiérarchie

Sur internet, circule un dessin de la représentation de nos hiérarchies humaines par l'analogie d'un perchoir pyramidal de pigeons. Ceux qui regardent en bas voient uniquement de la merde. Ceux qui regardent en haut voient des trous du cul. Analogie même pas née à Moncuq encubé où tous les encubés et tous les encubaises vont danser devant le pigeonnier. Je n'ai pas déniché l'auteur de la première version.

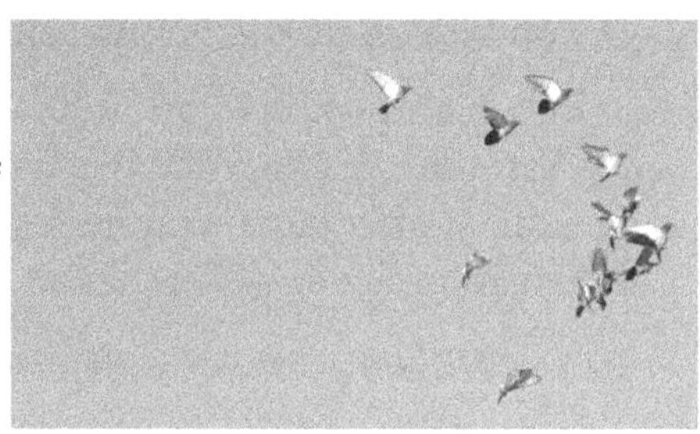

Une danse lotoise

de pigeons

LX – Vivre au seuil de tranquillité

Selon l'Insee, mille euros constitue le seuil de pauvreté en France ! Je ne vais pas décréter le bon montant, communiquer un seuil de tranquillité. C'est à vous de le définir, de situer votre suffisant. Je vis sous leur seuil de pauvreté. Chacun peut travailler pour gagner l'indispensable et s'arrêter.

Au seuil de tranquillité, il suffit de savoir s'arrêter. Savoir s'y maintenir. Sans la peur du lendemain. Au-dessus du seuil de tranquillité, plus tu gagnes plus tu veux gagner.

Le seuil de tranquillité, Gandhi l'exprimait déjà « *il faut un minimum de bien-être et de confort ; mais passé cette limite, ce qui devrait nous aider devient source de gêne. Vouloir créer un nombre illimité de besoins pour avoir ensuite à les satisfaire n'est que poursuivre du vent. Ce faux idéal n'est qu'un traquenard.* » Comme Coluche plus tard, en 1948 Gandhi ne portait pas de casque.

Dans notre pays riche, l'Insee calcule un seuil à 60% et un seuil relatif correspondant à la moitié du revenu médian.

Le seuil de pauvreté serait pour la France celui de 50%, et 60% pour l'Union européenne. Terrible aveu de privilégiés : on est ainsi désigné pauvre par rapport aux autres et non en observant la réalité de besoins essentiels !

Ainsi, pour une personne seule, le seuil de pauvreté relatif était de 840 euros (seuil à 50%) ou de 1008 euros (seuil à 60%) en 2014. Les derniers chiffres retiennent 2017, 1063.

4,216 millions de personnes (7,1% de la population) vivaient en dessous de ce seuil relatif de 50% et 7,862 millions (13,2% de la population) sous celui de 60%, chiffres 2006. Pour 2010, 7,8% de la population en dessous du seuil de pauvreté relatif de 50% et 14,1% celui de 60%... Et le chiffre 2017 est à 8,9 millions (toujours 14,1% de la population) sous le seuil des 60%.

Comme la météo embrouille désormais ses communiqués de température ressentie en plus de la réelle, la pauvreté est un ressenti !

LXI – La Justice, enfin ?

Que l'ensemble des citoyens croient en la justice, est-ce impossible, en France ? Le sophisme de l'honneur des avocats n'est pas de "défendre tout le monde". [Certes, avec l'aide juridictionnelle, on peut ressentir l'impression de figurer dans un casier indésirable, et bénéficier d'une prestation copier / coller] Il doit devenir de ne plus permettre qu'un innocent soit condamné.

« Chaque propos qu'ils ont tenu sur moi et sur vous était un essai d'auto-justification, une tentative de rejeter le blâme sur les autres, afin de prouver à eux-mêmes qu'ils avaient raison. Cela signifie qu'ils s'enfoncent toujours plus dans le mensonge. »
Fragments d'un enseignement inconnu.

Dans *Maigret se défend*, Georges Simenon imagine son commissaire accusé, à 52 ans, par une nièce, 18 ans, du maître des requêtes au Conseil d'État, lequel l'ayant crue, passe par le Ministre de l'Intérieur et le préfet de police convoque immédiatement le présumé coupable. Il lui est même interdit d'enquêter pour prouver son innocence ! Il doit fournir sa version par écrit et se tenir à la disposition de sa hiérarchie. La police secrète de l'État le prend en filature, ainsi que ses plus proches collaborateurs, auxquels il ne devait rien dévoiler…
Si Maigret parvient finalement à démontrer la machination du "cercle des menteurs associés", on peut, on doit, en refermant le roman se demander comment un homme lambda aurait pu s'en sortir ?
Qu'il est facile de salir un être sans "alliés de poids". Il faut peser !

Le 4 mars 2021, Nicolas Sarkozy, invité du Journal Télévisé de 20 heures de TF1 déclarait *« Ce qui m'arrive pourrait arriver à n'importe lequel d'entre nous. »* On pouvait certes ironiser sur l'absence chez le simple citoyen de tentations comme l'accusation en avait présentées. On pouvait également se demander si un coupable n'utilisait pas cette ficelle. Mais la machine judiciaire semble toujours pouvoir broyer n'importe quel innocent. Quelques jours plus tôt, Brigitte Barèges, également des Républicains, maire de Montauban, condamnée, déclarait « *je perds finalement mes illusions sur la justice. Cette justice que j'ai servie durant 30 ans comme avocate.* » Une avocate a cru en la justice pendant trente ans, en France !

Les cercles des menteurs associés

La bande des menteurs associés
En fournit des pages
D'horribles témoignages
Peu importe la vérité
Pourvu que l'innocent soit condamné

Les cercles des menteurs associés
De faux témoignages
En manipulations des émotions
Ravagent
L'humanité en société

Des avocats enrobent le purin
Des juges disons complices
Le nez dans les procédures
Rouages d'une justice
Petite-fille des procès staliniens

Les cercles des menteurs associés
De faux témoignages
En manipulations des émotions
Ravagent
L'humanité en société

Ceux qui savent pourraient témoigner
Mais y'a rien à gagner
Nul ne veut être le prochain
Entre la gueule de ces chiens
Toujours la même histoire des lâchetés

Aucun résultat trouvé pour "Les cercles des menteurs associés" quand ce texte destiné à la chanson fut déposé à la sacem. Aucun résultat trouvé pour "Le cercle des menteurs associés". Maître Google, sur ses algorithmes perchés, était formel, ce 7 mars 2021 : jamais personne ne s'était exprimé ainsi. De même : aucun résultat trouvé pour "La bande des menteurs associés". On croit parfois que tout a déjà été exposé, mais la majorité des autorisés à s'exprimer se contentent de répéter. Leurs pensées sont des citations, leurs émotions des conditionnements, leurs actions des réactions. Naturellement, ce texte est resté invisible.

LXII – Ni vacciné ni lynkysé

Devait-on être vacciné et lynkysé pour se présenter à la Présidentielle ? Des maires soumis au pass et au lynky ne pouvaient naturellement pas noter sur leur bulletin l'auteur de la vidéo « Ni Pass Ni Soumis #NiPassNiSoumis Ni Pass Ni Linky #NiPassNiLinky. »
Il semblerait que des algorithmes et leurs complices aient rendu cette vidéo et son texte invisibles.
Pas plus de succès avec #NousLesInvisibles #NonVaccinésNonCovidés

J'ai même osé intituler une création « #passvaccinal Staline & Hitler auraient adoré bénéficier de la technologie.
Sommes-nous en danger ? Notre Constitution, Mitterrand la prétendait dangereuse avant lui et après lui. Nous protège-t-elle des excès ? »

Et remarquer régulièrement : si Macron et compagnie se souciaient de notre santé, ils interdiraient les produits cancérigènes. Le cancer c'est 400 morts par jour.

Il y eut également : Olivier Véran positif au Covid. Va-t-il accuser un non-vacciné de l'avoir contaminé ?
#NonVacciné, je n'ai contaminé personne. Est-ce le cas de Macron, Castex, Véran ?
Comment suis-je passé entre les gouttes sans être contaminé ? En vivant prudemment, à la campagne, en respectant les gestes barrières. Vous ne m'avez vu dans aucune manifestation ! La place d'un écrivain n'est d'ailleurs pas derrière une banderole. Il écrit. Je ne me suis pas reconnu dans la caricature des pantins de laboratoires m'accusant d'être anti-vaccins. Je suis vacciné contre le tétanos, par exemple. J'ai considéré préférable de ne pas ajouter ce produit en moi. La vaccination est un choix individuel, qui doit naturellement être éclairé par le monde médical. J'en ai parlé avec mon docteur, qui m'a

conseillé la vaccination. Et il sait que j'ai respecté sa parole comme il a respecté mon choix.

Monsieur Macron semble incapable de comprendre la difficulté d'avoir confiance dans des laboratoires qui vont jusqu'à ajouter des colorants dans de simples Doliprane et autres médicaments courants, colorants dont la cancérogénicité est suspectée.

Quant au Linky, les françaises et les français ont dit non à un tel suivi. Puis ils ont dit oui à plus de 90%, un peu comme pour le suivi prétendu sanitaire. Vous pensiez ne plus avoir le choix alors que vous l'aviez encore. C'est en habituant les gens à penser qu'ils n'ont plus le choix, que le pouvoir parviendra à installer un système où nous ne l'aurons plus.

Je crois d'ailleurs que vous n'aurez pas le choix à la présidentielle. Vous n'aurez que des candidats de l'avoir.

LXIII – Rendre Internet au peuple

Internet, c'est fini. Oui, l'Internet dans lequel je me suis investi aux premières heures du millénaire, pour la liberté d'expression, l'échange, la gratuité, la possibilité de montrer ses créations, où les modestes revenus publicitaires de l'affiliation m'ont permis de tenir quelques années, après avoir été viré du Rmi pour cause de démarche de professionnalisation prétendue non crédible car, en résumé, l'indépendance dans l'édition comme dans le web développement ne pourrait jamais fournir de résultat financier. Internet, c'était, début 2000, du divertissement pour les fonctionnaires bien payés de la direction du travail, DDTEFP dans leur jargon, de Cahors (voir *Viré, viré, viré, même viré du Rmi*, avec reproduction de documents officiels).

Puis les riches ont compris le potentiel de ce "Minitel évolué" et décidé de s'approprier l'espace. Les petits sites *amateurs* ont donc disparu ! Travailleur indépendant, je n'ai jamais souhaité devenir un « patron de vraie société. » Je n'avais pas quitté ce monde-là pour m'y retrouver même de l'autre côté, en petit chef.

Le web d'aujourd'hui, c'est *Conformenet, Englobenet, Oligarnet*, une adresse par secteur. Nous étions des milliers dans les annonces gratuites par exemple et « *le bon coin m'a tuer* » explique les dégâts sous la forme d'un sketch, forcément invisible. Le grand référenceur ne vous le présente pas en une pour une recherche « le bon coin. » Internet n'a pas apporté plus de libertés mais aide à contrôler les citoyens, les encadrer, les façonner. Si facebook vous répond « vous ne pouvez pas partager pendant trois jours », vous savez l'inutilité de contester. Naturellement, le monstre nous *offre* une alternative : booster ! Si vous l'ignorez, cela signifie payer. On en est là. Le monde est redevenu "comme avant" avec juste un outil supplémentaire entre les mains des puissants.

LXIV – Je ne suis pas un robot

L'hypocrisie du fonctionnement de la République est flagrante en ce 15 février, où le non candidat Emmanuel Macron a déjà obtenu son passeport pour le 10 avril !
1050 élus ont renvoyé au Conseil Constitutionnel leur bulletin avec un Président en exercice jouant avec les institutions au point de maintenir un faux suspens, lui permettant de s'exprimer au-dessus de la mêlée.

Pendant ce temps-là, le candidat de la *France Harmonieuse* continue à valider les messages anti-spams « *je ne suis pas un robot* », principalement de maires dont l'adresse contient leur nom de domaine. Tandis qu'Orange semble ne pas desservir l'ensemble de mes messages, sûrement considérés comme des spams par leurs robots.

Je suis à zéro sur 6225 parrainages publiés et y resterai "probablement".

J'encourage les électrices et les électeurs à ne pas participer à la mascarade d'avril, à décliner leur prétendu droit n'étant qu'une possibilité de départager le choix des 40 000 notables.

Avec vous ?

Mentions légales

Tous droits de traduction, de reproduction, d'utilisation, d'interprétation et d'adaptation réservés pour tous pays, pour toutes planètes, pour tous univers.

Site officiel : http://www.ternoise.net

Dépôt légal 18 février 2022.

Imprimé par Amazon.com Company, pour le compte de l'auteur-éditeur indépendant.

ISBN 978-2-36541-761-7
EAN 9782365417617

La France Harmonieuse, Stéphane Ternoise

© Jean-Luc PETIT - BP 17
46800 Montcuq en Quercy Blanc - France

www.ingramcontent.com/pod-product-compliance
Lightning Source LLC
LaVergne TN
LVHW050909200726

843508LV00011B/2151